刑事诉讼客体研究

张京明 著

济南出版社

U0666238

图书在版编目（CIP）数据

刑事诉讼客体研究 / 张京明著. -- 济南：济南出版社，2024.7
ISBN 978-7-5488-5999-4

Ⅰ.①刑… Ⅱ.①张… Ⅲ.①刑事诉讼法－研究－中国 Ⅳ.①D925.204

中国国家版本馆CIP数据核字(2023)第232988号

刑事诉讼客体研究
XINGSHI SUSONG KETI YANJIU

张京明 著

出 版 人 谢金岭
责任编辑 孙梦岩 李 敏
封面设计 张 倩

出版发行 济南出版社
地 址 济南市市中区二环南路1号（250002）
总 编 室 0531-86131715
印 刷 山东天马旅游印务有限公司
版 次 2024年7月第1版
印 次 2024年7月第1次印刷
开 本 160 mm×230 mm 16开
印 张 12
字 数 123千字
书 号 ISBN 978-7-5488-5999-4
定 价 39.00元

如有印装质量问题，请与出版社出版部联系调换
联系电话：0531-86131716

版权所有 盗版必究

目　录

导　言

　　刑事诉讼客体理论是刑事诉讼法学的基本理论范畴。刑事诉讼中的一些争议问题，常与刑事诉讼客体理论相关。例如，法院的审判范围应如何把握、法院的判决是否违背了不告不理原则等问题，都是刑事诉讼客体理论的研究对象。但不可否认的是，我国大量的司法实务人员对有关刑事诉讼客体的一些基础概念和理论都颇为陌生，也极少从刑事诉讼客体的角度对有关争议问题进行分析或提出解决方案，有的甚至根本认识不到有关问题与刑事诉讼客体理论的内在联系。出现这种现象，一是由于刑事诉讼客体理论本身颇为抽象，学术性很强，是一个相对"冷门"的理论范畴；二是由于我国理论界对客体理论的研究并不充分，而且理论与实践的结合和互动不够；同时也有立法者、司法者对此重视不足等原因。总的来说，我国实务界和理论界在一定程度上存在对刑事诉讼客体理论应有的实践价值重视不够的问题。

一、问题提出：司法实务中的"客体"问题

　　现代国家多采行告发原则。在不告不理的现代刑事诉讼中，

控诉机关掌握着追诉犯罪的主动权，法院的审判范围因此受到起诉范围的制约。但是控诉机关在提出控诉时，也应遵循实体法的有关规定，不得故意将在实体法上仅有一个刑罚权的事实分割起诉，否则会导致诉讼不经济和罪刑不适应等不良后果。这涉及在诉讼中应一次性予以处理的案件事实范围等问题。

例如，被告人陈菊玲未取得执业资格而多次擅自为他人进行节育手术。2010 年 7 月，陈菊玲非法为张某某实施终止妊娠手术致其受轻伤，此后被昆山市人民检察院提起公诉。取保候审期间，陈菊玲于 2011 年 3 月又为周某某实施终止妊娠手术致其受轻伤，其本人对第二次犯罪事实供认不讳。昆山市人民法院在审理陈菊玲致张某某受伤一案的过程中，建议检察机关对陈菊玲非法进行节育手术致周某某受伤的第二次犯罪事实追加起诉以并案处理，但检察机关拒绝追加起诉。此后，昆山法院对检察机关第一次指控的犯罪事实作出判决，一审判处陈菊玲有期徒刑一年九个月。宣判后，控辩双方均未抗诉、未上诉。判决生效后，昆山检察院随即对陈菊玲致周某某受伤的第二次犯罪事实又提起公诉，辩护人在审理过程中提出"前后两起犯罪事实同系非法进行节育手术，应属处断的一罪，分别处理并进行数罪并罚不当"的辩护意见。昆山法院未采纳该意见，判处被告人有期徒刑一年十个月，与前罪并罚，决定执行有期徒刑二年三个月。判决宣告后，被告方认为"适用程序有误"，仍以庭审中提出的"应属处断的一罪"等辩护意见提出上诉。二审法院在审理之后，也未采纳辩护人的辩护意见，但调整了一审法院对第二次犯罪事实的量刑，将对第二次犯罪事实的刑期改判为一年六个月，但仍与第一次犯罪事实数罪并罚，决定执行有期徒刑二年。[①]

通过以上案例，我们首先可以直观地看出以下诉讼现象：在控审分离的现代刑事诉讼制度下，控、辩、审三方是刑事诉讼中不可或缺的主体性因素，他们的行为推动着刑事诉讼活动不断向前发展。没有检察官的控诉，法院不得自行开启审判活动；启动审判程序后，法院的审判范围也要受到控诉范围的制约，并非想审什么就能审什么。案例中的昆山法院在第一次审理活动中对审判范围的把握比较克制，严格地尊重了公诉机关的指控范围和意愿，体现了"无告诉则无审判，告什么则审什么"的理念。在刑事诉讼当中，公诉机关告的是"什么"、法院审的是"什么"的问题，就是刑事诉讼客体理论中公诉对象和审判对象的问题，也即刑事诉讼客体问题，公诉对象和审判对象是否一致涉及诉审是否同一的问题。

以上是通过该案例可以看出的显性诉讼现象。但深入思考后可以发现，本案的处理程序还涉及是否违反实体法的规定和精神的问题。也即，由于公诉机关坚持不并案，法院对陈菊玲非法进行节育手术的行为只能分别审理、分别判决，最终导致出现两个有罪判决并存、被告人被数罪并罚的现象。这种现象是否符合实体法的有关规定或原则？该问题恰与刑事诉讼客体理论相关。借此案例，本书将对该案的有关实体问题略作分析，以进一步明确

①参见王东、杜国强：《陈菊玲非法进行节育手术案——判决宣告前犯有同种数罪但被分案起诉，后罪判决时能否与前罪数罪并罚》，《刑事审判参考》总第 109 集第[1191 号]，法律出版社 2017 年版，第 71—77 页。

客体理论与实务问题的关联性，也为后文深入探讨客体理论提出指引。

第一，该案的处理违背了对职业犯的处罚原则。

我国刑法分则第三百三十六条第一、二款分别规定了非法行医罪和非法进行节育手术罪，该罪被认为是典型的职业犯。职业犯是集合犯的一种，"犯罪构成预定将一定的犯罪作为职业或业务反复实施"，其基本特征是行为人"以此为业"，主观上存在一个整体故意，不管从事的时间多长，都只能认定为一罪。①因此，对行为人在一个总体的犯意之下所实施的多个同种类的营业性犯罪行为，应以一罪论处，不能对行为人的多个同种行为进行数罪并罚。这是关于职业犯处罚原则的通说。在该案中，被告人在未取得执业资格的情况下，以此"技能"反复非法执业，作为"营生"的手段，而且在案件审理过程中已经被发现，符合职业犯的基本特征。而从我国刑法第三百三十六条规定及有关的司法解释来看，立法者根据客观不法程度的不同对非法行医罪与非法进行节育手术罪共设定了三档刑罚。该案中，被告人所实施的两次行为性质相同，都属于该罪第一档刑罚所对应的入罪情形，不符合第二档刑罚所要求的"严重损害就诊人健康"之条件。根据职业犯的通常处罚原则，对被告人在判决前所实施的两次同种行为应作一罪处理，不应对其数罪并罚，否则就削减了理论上探讨职业犯的意义。从此角度来讲，检察机关对该案的处理方式值得讨论。

第二，对该案的处理违背了我国对同种罪行应如何处罚的

---

① 参见张明楷：《刑法学》，法律出版社 2016 年版，第 479、1126 页。

规定。

即便不考虑对职业犯应以一罪论处这一原则，根据《最高人民法院关于判决宣告后又发现被判刑的犯罪分子的同种漏罪是否实行数罪并罚问题的批复》①，应以同种罪行的"发现时间"是否早于"判决生效时间"作为对前后同种罪行是否进行数罪并罚的界分。从批复的精神来看，不仅对一审判决宣告前已经发现的同种罪行不应数罪并罚，而且即便在一审判决宣告之后生效之前又发现同种罪行，第二审法院也应发回重审并由一审法院对被告人进行"单罚"，而不能数罪并罚。单罚是指对被告人所实施之数个同种罪行进行综合评价，对其总的不法程度和危害性等进行综合判断，然后根据刑法分则的具体规定决定适用相应的法定刑。司法解释之所以这样规定，是体现刑法分则的实质性要求以及实现罪责刑相适应原则的要求。反之，如果可以对不符合法定刑升格条件的多个同种行为不断进行数罪并罚，不仅会造成突破对应的法定刑的现象，也加重了被告人的诉讼负担。

从以上两点可以看出，陈菊玲案例中，本该可以按一罪论处、通过一次诉讼程序可以解决的犯罪事实，由于检察机关"人为分案"以追求数罪并罚的做法，使得该案形成了两个有罪判决，被告人所承担的实体责任在一审判决中也因为"坚持不并案"受到

---

① 该批复指出，"人民法院的判决宣告并已发生法律效力以后，刑罚还没有执行完毕以前，发现被判刑的犯罪分子在判决宣告以前还有其他罪没有判决的，不论新发现的罪与原判决的罪是否属于同种罪，都应当依照刑法的规定实行数罪并罚。但如果在第一审人民法院的判决宣告以后，被告人提出上诉或者人民检察院提出抗诉，判决尚未发生法律效力的，第二审人民法院在审理期间，发现原审被告人在第一审判决宣告以前还有同种漏罪没有判决的，第二审人民法院应当裁定撤销原判，发回原审人民法院重新审判，第一审人民法院重新审判时，不适用刑法关于数罪并罚的规定"。

了显著的影响。这既有悖于刑法的规定和原理，也无端使被告人遭受两次审判，侵犯了被告人的程序权利和实体权利。

二、对案例所反映问题的延伸思考

以上以职业犯为例指出了有关案件所存在的问题。在对该问题做深入总结后，本书发现其背后的实质问题是：根据刑法分则的有关规定以及罪数理论，在实体法上仅有一个刑罚权的事实，在诉讼中因为被分割处理而无法被一次性评价。这种问题，在牵连犯、连续犯及我国分则中的诸多数额犯、次数犯中，都可能会出现。如果不加限制，公诉机关在提起公诉前就能以分别起诉的方式，故意对有些案件进行分割，反复折腾被告人。另外，在实务中，也经常存在由认识能力的有限或证据等因素而无意地造成案件事实被分案的情形。这些情形不仅会有意或无意地对被告人的实体权利造成影响（既可能出现不利于被告人的结果，也可能产生有利于被告人的结果），产生罪刑不适应及同案不同判等不良后果，还关系到诉讼次数、诉讼效率等问题。由此可见，如果没有程序和制度的保障，实体法的规定有时难以实现其目的。

基于这些思考，我们不妨进一步提出或思考以下问题。

第一，对于在实体法上仅有一个刑罚权的事实，检察机关在诉讼中如果仅对部分事实起诉，其起诉的效力能否及于全部？法院能否就起诉书文本上未予以记载的相关事实迳行一并审理和裁判？这也是司法实务和理论中经常探讨的一个问题。在解决或回答这些问题的时候，我们既要考虑控审分离、不告不理的基本刑事诉讼原则，也要结合一国的诉讼理念、诉讼结构及具体的程序规定。例如，在上述案例中，即便审理法院已经认识到对有关的其他犯罪事实一并审理更有利于实现实体法的规定性，但仍然由于检察机关未追加起诉而只能分别审理和裁判。因此，法院能否对有关事实进行一并审理，有时受制于公诉机关，法院不能无限制地扩大审判范围。就该案而言，就连最高法工作人员对该案作评析时也认可了"不告不理是现代刑事诉讼的基本原则，检察机关未补充起诉，昆山法院无权主动并案审理陈菊玲的同种罪行"①的观点。该案的审理过程及该指导案例实际上代表了我国实务界和最高司法机关对不告不理原则的一种认识和理解，这是认识我国法院的审判范围时所应考虑的因素。不告不理原则之下，法院审判的范围应被限定于何种程度？这值得我们思考。

第二，在实务中，由证据因素、人为因素造成的未能被一次裁判所充分评价的本该一并审理的遗漏事实，能否再次起诉或者在程序上应如何另行处理？例如，案例中，检察机关对陈菊玲的第二次非法进行节育手术的行为以再次提起公诉的方式进行了再追诉。这是对有关遗漏罪行进行处理的最常见的实务做法。那么，法院在量刑时应如何把握？案例中的二审法院在认识到对被告人数罪并罚显然不利后，为实现总体上的罪刑相适应，对被告人第二次非法进行节育手术的行为进行了缩短刑期的改判。最高法工作人员对此种情形所提出的指导意见是，"对人为分案处理的同种数罪实行并罚时，决定执行的刑罚应当与并案以一罪处理时所

①详见上述《刑事审判参考》总第 109 集第 [1191 号] 案例有关内容。

应判处的刑罚基本相当，不得加重被告人的刑罚，否则有违罪刑相适应原则"。这说明，我国当前的诉讼规则一方面认可了可以另行起诉的做法，另一方面也认为法院在第二次诉讼中要以调整量刑的方式对"人为分案"进行纠偏。对于分案处理，有时法院并无其他良招。然而，与前判决相对比，这种分别定罪、后罪调整量刑的做法又造成了案与案之间的量刑明显不平衡的现象：前后"两次犯罪"均是非法进行节育手术、均是致人轻伤，客观不法程度完全相同，且后罪中又存在可以加重"责任刑"的又犯因素，但后罪的刑期反而少于前罪，难道前被害人的健康权利更值得保护？而如果能对前后两次行为进行综合评价、一体判决，就不会出现前后紧邻的两个判决"同案不同判"的现象。另外，在分别起诉的情形下，受罪行特质及数罪并罚等有关规定的限制，在有些情形下很可能出现即便纠偏也无法达到"决定执行的刑罚应当与并案以一罪处理时所应判处的刑罚基本相当"的效果。

同样的道理，在牵连犯、集合犯等犯罪中，都会涉及对遗漏的本应被"一罪"所评价的事实如何处理的问题。例如，对牵连行为如果另行起诉、再次判决，就架空了牵连犯的处罚原则。对这些遗漏的行为如何处理，既关系到能否对所有犯罪事实充分评价和充分处罚，也可能关系到对"一事不再理"原则如何理解。

总结以上案例，其中所反映出的问题涉及公诉的效力范围、法院的审判范围以及判决的既判力范围等诉讼理论问题。这些问题都是刑事诉讼客体理论的研究重点。另外，如何避免有些司法人员恣意分割案件的问题也应引起我们的思考。本书认为，只有通过完善制度才能从根本上防止随意司法的现象。

三、我国大陆客体理论的研究现状：借鉴台湾地区理论为主

在同样具有职权主义色彩的一些传统大陆法系国家和地区，例如日本及我国台湾地区等，理论界结合其自身的司法语境，已经对刑事诉讼客体理论进行了较为深入和充分的研究和思考，形成了"百家争鸣"的局面。这些既有理论有助于我们更深刻地学习和认识客体理论的一些根本问题。但总体来看，他们对于刑事诉讼客体的有些概念和原理应如何认识、理解和应用，仍然有一些争议。

相比之下，我国大陆理论界对刑事诉讼客体理论还缺乏较为系统和深入的研究，现有研究也大多以借鉴、移植我国台湾地区的有关成果为主，并未结合我国大陆地区的司法语境和实践问题进行深入思考，这导致有些结论在我国大陆地区的司法语境下存在水土不服、不符合实际的问题；从立法层面来看，诉讼客体的一些概念和原理也没有明显地体现在我国大陆地区的诉讼立法和司法解释中。就此现象，清华大学张建伟教授就曾指出，"诉讼法理论与司法实践对于案件的单一性与同一性问题都不甚熟悉甚至完全陌生。我国当前使用的刑事诉讼法教科书不就此进行阐述，老师授课也往往无一字提及，这是令人颇为遗憾的事实"[①]。其他学者也对此提出了同样的看法：审判对象问题及其蕴含的原理

---

① 张建伟：《刑事诉讼法通义》，北京大学出版社 2016 年版，第 187 页。

尚未为立法者、司法者乃至研究者所充分关注、理解和应用[①]。总之，学者们对我国大陆地区刑事诉讼客体理论研究程度及司法应用情况的这番评价和认识，是符合现实的。时至今日，为数不少的实务人员对客体理论仍然极为陌生，更遑论用该理论的有关原理解决实践问题。例如，上述案例中的有关问题，实际上就涉及刑事诉讼客体理论中的"单一性"问题。但遗憾的是，即便司法机关将该案的处理作为具有一定参考性的案例，并进行了充分的评析说理，但在文章中也未提及有关刑事诉讼客体理论的有关观点或原理，实务界对诉讼客体理论的认识和掌握程度由此可见一斑。

因此，从理论自身的发展需要及实践的需求看，仍有对刑事诉讼客体理论进行进一步探讨和研究的必要。

四、理论脉络

究竟何为刑事诉讼客体？在一桩桩具体的刑事诉讼案件中，法院所审判的对象究竟是什么？何谓客体的"单一性和同一性问题"？本书将结合具体的案例，对刑事诉讼客体理论中的这些基本理论命题进行阐释和研究。

刑事诉讼客体理论究竟有什么样的实践价值？它与实务中的具体案件会在哪些方面产生联系？刑事诉讼客体之"单一性"理论对如何处理遗漏罪行这一难题能提供什么样的启发？在对基本命题进行研究的基础上，本书利用比较研究等方法，对我国台湾

[①] 参见谢进杰：《刑事审判对象理论》，中国政法大学出版社 2011 年版。

地区的一些传统理论见解进行评析和解构，然后再试图对刑事诉讼客体理论在我国大陆地区司法语境下所可能产生的诉讼效果等问题做一些有益的探讨。

据上，本书共分为六个部分。"导言"通过一则案例引起人们对刑事诉讼客体理论的关注；第一章主要阐释刑事诉讼客体的来源和基本概念，在此基础上进一步论证"刑事诉讼客体的实质内容究竟是什么"这一问题；第二章主要分析和介绍"公诉事实"和"诉因"这两种不同的客体类型，并结合我国的司法理念和具体制度，准确界定我国的刑事诉讼客体类型；第三、四章重点阐述刑事诉讼客体之单一性理论，在分析、对比或质疑日本及我国台湾地区有关学说的基础上，就单一案件在我国大陆地区的诉讼效果等问题提出新的认识，是本书的主要内容；第五章试图从诉讼法的角度，主要根据单一性原理，就如何处理同种遗漏罪行等实务问题提出新的见解和方案。

第一章
刑事诉讼客体的概念及实质内容

刑事诉讼客体的概念是在什么样的背景下提出来的？它在具体的刑事诉讼中是什么样的一种存在？这是研究刑事诉讼客体理论的起点。只有对这些基础的问题有一个准确的认识和把握，才能为理论准确应用于实践打好基础。

第一节　概念的提出和阐释

一、刑事诉讼客体概念的提出

正如有学者所说，不知不觉中，我们已经对控方起诉、法官审判、被告人辩护的刑事诉讼图景习以为常，以至于甚少去思考控辩双方围绕什么展开对抗、法院针对什么进行审判的背后问题[1]。的确，忙碌在刑事办案一线的大量实务人员，虽然每

---

[1] 参见谢进杰：《刑事审判对象理论》，中国政法大学出版社 2011 年版，第 1 页。

天都在"办案子"，却也很少思考他们究竟在针对"什么"展开一系列的诉讼行为。但稍加思考后我们可以知道，诉讼要不断向前推进，必然要有"人"的参与，诉讼主体的行为推动着诉讼活动从一个诉讼阶段到一下诉讼阶段，直到最后结案。这就是主体的因素，由此产生了诉讼主体理论。而从哲学认识论的角度来看，主体和客体是一对范畴：主体是进行实践活动的人，客体是主体进行实践所指向的对象。进行刑事诉讼活动、实施诉讼行为也是一次实践和认识的过程，必然也要有所针对和指向。段初所说的围绕"什么"或针对"什么"，这个"什么"就是诉讼主体所针对和指向的对象。诉讼主体所针对或指向的"对象"，是刑事诉讼客体的通俗化表达。因此，当我们引入哲学上主客体关系的理论对"客体"加以理解后，"客体"的称谓和表述就不再突兀。理论上一般认为，诉讼客体，也称诉讼标的，从法院的角度来讲，就是审判的对象。

总而言之，不管刑事诉讼围绕或针对的是"什么"，既然诉讼得以展开，就必然存在这样的目标物。如果诉讼中缺少了这个目标物，也就没有了"客体"。没有了客体，法院不知道要审什么，控辩双方不知道针对什么展开辩论，诉讼活动将变得漫无边际，失去方向。据此，我们能感受到刑事诉讼客体的存在及其存在的价值。因此，刑事诉讼客体并不仅仅是一个抽象的理论概念，它与刑事诉讼主体相对应，具体地存在于每一次鲜活的刑事诉讼之中，不存在没有客体的刑事诉讼案件，我们也难以想象不存在客体的刑事诉讼活动。

二、刑事诉讼客体的基本概念

那么，何为刑事诉讼客体？我们首先需要给出一个容易被把握或理解的概念。正如有学者所说，"我国学者对刑事诉讼客体的表述是以认识论中的客体理论为基础的"①。辩证唯物主义认识论是我们认识事物的基本方法，在合理界定我国刑事诉讼客体的具体概念时，也不应脱离这一基本方法，这既顺应我们的思维习惯，也有助于人们认识和理解刑事诉讼客体理论。

基于这一基本方法，对于刑事诉讼客体的基本概念，虽然理论上一直较有争议，对客体外延的认识也有广狭之区别，但从主流情况来看，学者们大多从哲学上主客体关系的角度对刑事诉讼客体进行界定。例如，有观点就认为，"刑事诉讼客体是指刑事诉讼主体实施诉讼行为、进行刑事诉讼活动所指向的对象"②。张小玲教授对刑事诉讼客体的内涵进行了较为深入的分析和研究。她首先肯定了利用哲学认识论和语词分析法界定客体概念的方法，也指出了仅以哲学认识论的方法揭示或解释该概念存在不充分、不具体的问题；其次，引入语源考察法和语境分析法，从客体理论的渊源、主旨等多种角度对我国刑事诉讼客体的应有含义进行了论证和研究。最后，她指出，"我国刑事诉讼客体应当界定为：国家专门机关与当事人等全体诉讼主体通过实施一系列的诉讼行为而进行整个刑事诉讼所指向的对象。简言之，即诉讼

---

① 刘仁琦：《论我国刑事诉讼客体内容的确定——案件事实及其法律评价的双重确定》，《法律科学（西北政法大学学报）》2012 年第 5 期。

② 宋英辉：《刑事诉讼法》，清华大学出版社 2007 年版，第 21 页。

主体进行刑事诉讼所指向的对象"①。总的来说，上述学者对刑事诉讼客体概念的界定是恰当的，该定义建立在主客体关系的基础之上，能给人一种较为形象的认识，能让人初步知晓刑事诉讼客体所指为何物。这对人们初步认识和理解刑事诉讼客体是很有价值的。

三、如何确定与诉讼客体相对应的诉讼主体的范围

哪些人实施诉讼行为所指向的对象可以纳入诉讼客体的范围？确定与刑事诉讼客体相对应的主体的范围，有助于确定客体自身的范围，这样就可以把该主体范围以外的有关人员实施诉讼行为所指向的对象排除在刑事诉讼客体的外延之外。对此，理论上有不同的观点。例如，张小玲教授认为，"与刑事诉讼客体对应的刑事诉讼主体应为刑事诉讼中的国家机关与当事人，具体包括侦查机关、检察机关、法院、自诉人、被害人、犯罪嫌疑人、被告人、附带民事诉讼原告人和被告人"②。该学者未明确地将辩护人、代理人纳入与诉讼客体相对应的主体的范围，但将附带民事诉讼的当事人纳入范围。其主要依据在于：主体范围不宜泛化，主体理论的兴起是基于对封建时期控、辩、审权力及其相互关系的反思和批判，主旨在于合理配置控、审的权力以及被告人的权利，使之更加合乎诉讼规律，控、辩、审职能的承担者是主体理论的研究核心。③对主体理论的兴起原因及主旨的认识本身

---

① 张小玲：《刑事诉讼客体论》，中国人民公安大学出版社 2010 年版，第 33 页。
② 张小玲：《刑事诉讼客体论》，中国人民公安大学出版社 2010 年版，第 33 页。
③ 张小玲：《刑事诉讼客体论》，中国人民公安大学出版社 2010 年版，第 29 页。

是正确的。但是否应将辩护人和代理人，尤其是辩护人也归入客体理论中所对应的诉讼主体范围，以及将附带民事诉讼原告人和被告人纳入主体范围是否合适，这是该话题值得进一步讨论的两个主要方面。

第一，关于是否应将辩护人归入与刑事诉讼客体相对应的主体的范围。

被告人地位从被拷问的客体转向具有一定权利的诉讼主体，其最主要表现就在于其诉讼权利包括辩护权的增加。理想的刑事诉讼模式是等边三角形结构，法官居中审判，控辩平等。在早期的刑事诉讼中，控、被、审地位不平等的主要原因之一就在于被告人人身自由受到限制、不具备法律专业知识，从而缺乏有效辩护。辩护制度的兴起和发展使被告人的辩护权得以真正落实和延伸。辩护权虽具有派生性，但也有独立性。在现代的刑事诉讼中，辩护人已经成为实施诉讼行为的重要主体之一，在个别案件中甚至完全替代被告人进行证据的收集、质证及法庭辩论，这才慢慢实现了向控辩平等理想模式的转变。辩护权的这种独立性和专业性特征使得辩护人成为刑事诉讼中活跃的主体因素之一。

另外，随着辩护制度所具有的有利于促进保障人权、发现真相等社会功能被逐渐认可，国家对部分案件被告人的强制辩护早已实现，近年来刑事辩护全覆盖的呼声也已经兴起，有些司法解释已经对此作出回应。在这样的诉讼背景下，辩护人正在由"可有可无"逐渐向"没有不行"转变，辩护人对诉讼的发展和事实的最终查清正在起着不可替代的作用，而辩护人所实施一系列行为必然也要指向特定的对象，不能漫无目的。因此，在刑事诉讼中，界定与客体所对应的主体的范围时，应考虑该主体所实施的行为对诉讼的整体发展是否有独立的作用和作用大小以及是否也受"客体"的反向制约。另外，在"独立辩护"的原则下，针对指控的犯罪事实，辩护人从法律角度提出的有利于被告人的质证意见和答辩意见，甚至不受被告人认罪的约束，这些行为无疑具有影响诉讼结果的重要独立价值。因此，本书认为，虽然不宜将客体视野下的主体泛化，但将辩护人纳入与客体所对应的主体范围，是凸显辩护人地位的重要表现，也是诉讼法治不断向前发展的必然要求。关于被害人之诉讼代理人的性质和作用，与辩护人有相同之处，不再展开。

第二，关于是否应将附带民事诉讼的当事人纳入与刑事诉讼客体所对应的诉讼主体的范围。

此问题也很有讨论的价值。刑事附带民事诉讼系由有关刑事案件的被害人或其近亲属等所发动和提出的，有其独立的诉讼主张，主要是经济赔偿问题。根据《最高人民法院关于适用〈中华人民共和国刑事诉讼法〉的解释》（以下简称《刑诉法解释》）的有关规定，附带民事程序主要适用民事诉讼法的有关程序规定及证明标准，主要解决与指控事实相关的侵权行为所引发的民事赔偿问题，被害人对赔偿数额等诉讼主张有处分权。另外，该程序所针对的对象并不能决定案件中刑罚权之有无问题，甚至在指控的犯罪事实不成立的情况下法院也可以就附带民事诉讼作出判决。所以，该程序具有相对的独立性，附带民事被告的范围与被告人并不完全重合，未被刑事指控的有关人员、未达到刑事责任的人等，也可以成为刑事附带民事诉讼的被告人。而且对附带民事诉讼可以在刑事诉讼审结后另行宣判，甚至可以更换审判组织[①]。因此，附带民事诉讼有其自身所针对的对象，与刑事审判对象并不相同，与客体理论中的诉审同一、保障辩护权等主旨相距甚远，本书认为不可以将附带民事诉讼的原、被告全部作为刑事诉讼客体理论中与客体所对应的主体的范围，否则有使主体范围泛化的可能。

本书认为，根据以上思路来进一步明确与诉讼客体相对应的诉讼主体的范围，既凸显了辩护人的诉讼地位，同时也对其辩护行为进行了限制，即辩护人实施诉讼行为也要受诉审同一等原则的限制；另外，经此界定，附带民事诉讼当事人实施有关行为所针对的民事事实等，都被排除在了刑事诉讼客体的范围之外，这使刑事诉讼客体的范围更加精确，有利于人们更加准确地认识客体的内涵和外延、刑事诉讼客体之内涵的广狭之争。

四、刑事诉讼客体之概念可适用的诉讼阶段之争

概因"刑事诉讼"这一概念本身在理论上就有广义和狭义之分，因此与之相对应的客体也自然有广狭之说。广义的刑事诉讼，包含了刑事诉讼中的侦查、审查起诉、审判、执行程序，而狭义的诉讼仅指提起告诉之后的"审判程序"。从通常意义来讲，客

[①] 例如，不构成犯罪的共同侵害人、刑事被告人的监护人、有关的遗产继承人都可以成为刑事诉讼民事的被告。附带民事诉讼可以在刑事案件审判后继续审理，可以更换审判成员。详见该解释第一百八十条、第一百九十六条、第一百九十七条的规定。

体是进行任何认识和实践行为都不可缺少的要素，因此在进行侦查、审查起诉、执行等程序时所实施的一系列行为也必然指向一定的对象，即存在通常意义上的"客体"。问题的关键在于，要赋予"刑事诉讼客体"这一专门概念或专有名词以多大的涵盖力。例如，有学者就指出，刑事诉讼客体是指被提起告诉之后的法院的"审判对象"[①]，专指审判程序所针对的对象。张小玲教授在其研究中，也对"刑事诉讼"自身的广狭问题进行了分析，但没有明确指明与刑事诉讼客体相对应的"刑事诉讼"应作何解。但据其在书中所述，"如果没有特别说明，通常对刑事诉讼作广义理解"，而之后她对客体所下的定义中也用了"进行整个刑事诉讼所指向的对象"表述，因此基本可以认为，该学者赋予了刑事诉讼客体以比较广的涵盖力。但从客体理论提出的主旨和关于识别客体的有关原理来看，宜将刑事诉讼客体的核心内容限定为审判程序之客体。理由如下：

其一，从客体理论提出和发展的历史进程看，宜将刑事诉讼客体的核心内容加以限定。客体理论是在控审分离、不告不理原则确立后才逐渐兴起，是分权制衡的产物。该理论的重要价值在于限定审判范围，防止审判对象突破控诉范围，避免控审不分，因为审判权一旦越界，诉讼就可能纠问化，"中立"地位就不保。因此，提出客体理论的意旨就在于约束法院的审判对象。而这种

[①] 如，"所谓刑事诉讼客体，实际上指的是法院诉讼程序的标的，即法院审理裁判的最小和最基本单元"，见宋英辉等：《刑事诉讼原理》，北京大学出版社 2014 年版，第 131 页。"刑事诉讼客体，指诉讼主体实施诉讼行为所针对的对象，从法院的角度来看，也就是审判的对象"，见龙宗智、杨建广：《刑事诉讼法》，高等教育出版社 2016 年版，第 76 页。

约束被法定化和被认可，就始于控审分离、不告不理这一诉讼原则的确立。在古代纠问制诉讼中，侦审不分，侦审之权由一人独掌，没有专门的控诉机关。因此，在这样的诉讼制度之下，审判者可以随时变更和扩大审判范围，研究诉讼客体的范围并无多大意义。控审分离的确立，以及侦审关系的逐渐切断，使得侦查对象与审判对象等出现了一定程度的分离，这才逐渐产生了刑事诉讼客体理论。从这个角度来讲，宜将刑事诉讼客体的内容主要限定为控审分离之后法院的审判对象。

其二，侦查活动和审查起诉活动所指向的客体是不固定的，研究这个阶段的客体并无多大意义。破获案件和侦查往往从怀疑开始，其指向或怀疑的对象具有一定的发散性和演变性，是逐渐确认犯罪嫌疑人及犯罪事实的过程，因此该过程所指向的对象不固定自不用说。而在审查起诉阶段，控方在提起控告前的审查起诉过程中，所指向的对象也具有一定的浮动性，并不严格受公安机关移送范围的限定。我国检察机关本身是法律监督机关，在审查逮捕与审查起诉过程中被赋予了更具能动性的职能，这导致检察机关实施的一系列行为并不受公安机关"提请逮捕与移送起诉"范围的限制。最具代表性的例证就是，根据《人民检察院刑事诉讼规则》（以下简称《刑事诉讼规则》）第三百五十六条的规定，检察机关在审查起诉阶段可以追诉漏罪、漏犯，在"犯罪事实清楚，证据确实、充分"的情况下，可以对公安机关移送起诉范围之外的犯罪嫌疑人或犯罪事实直接作出起诉决定，而且追诉漏犯数或漏罪数（或率）常常被作为评价法律监督能力的一项重要考评指标。因此，只有提起告诉之后，客体才被相对固定，才能对"实际的审判对象"与应然的控诉机关所提出的那个审判对象进行对比；客体有关原理所争论的主要问题，也在于公诉对象与审判对象的对比以及不同诉讼中公诉、审判对象的比较等问题，所谓的不告不理及一事不再理，均指法院阶段之"理与不理"。

这样的诉讼特征使得客体理论对侦查、审查逮捕、审查起诉阶段等诉讼程序并无多大约束作用，因此研究这个阶段的诉讼客体也无多大现实意义。

综上，在侦查、审查起诉阶段，公安和检察机关实施诉讼行为所指向的对象具有不确定性。而相比之下，现代意义上的司法审判一般秉承被动、中立的原则，法院不能确定自身的审判范围，其审理的案件来源于他人的告诉。正因为此，有学者才指出，"刑事案件在正式起诉后称为'被告案件'，在起诉以前称为'被疑案件'"[1]，"刑事诉讼客体指被告案件，而非被疑案件，因为控、辩、审三方诉讼法律关系只有在起诉后才形成，即只有通过起诉才能使犯罪事实以控方的主张的形式明确化，也只有通过起诉才能使对该事实负责的主体即被告特定化"[2]，所以刑事诉讼客体主要是指经过公诉的提起并随之确定化的那个审判对象。如果将侦查、审查起诉、执行等阶段所指向的对象都纳入"刑事诉讼客体"的范围，这将使客体概念所包含的内容过于驳杂，与该理论的主旨并不相符。正如有学者所提出，概念的使用应当尊重其本

---

[1] 龙宗智、杨建广：《刑事诉讼法》，高等教育出版社 2016 年版，第 77 页。
[2] 龙宗智、杨建广：《刑事诉讼法》，高等教育出版社 2016 年版，第 77 页。

来的含义，避免引起法学理论上的混乱。因此，可以将刑事诉讼客体这一名词专有化，赋予其一较狭义的意义，用于指称审判程序之诉讼客体，系"被告案件"中控诉机关通过审查起诉活动最终设立、确定的那个诉讼客体。这个刑事诉讼客体经过公诉的提起才最终确定，并成为后续的诉讼行为所共同指向的对象。因此，从较狭义的角度来讲，可将刑事诉讼客体的基础概念界定为：司法机关①、被告人及其辩护人和被害人等诉讼主体，在刑事诉讼中尤其在刑事诉讼审判阶段，实施一系列控诉、辩护及审判行为所整体指向的对象。经如此界定的刑事诉讼客体这一概念所适用的诉讼阶段，更有利于凸显客体理论的应有价值。

第二节　刑事诉讼客体的实质内容

刑事诉讼客体是刑事诉讼主体进行刑事诉讼活动所指向的对象，主要是指法院的审判对象。以哲学认识论为基础对刑事诉讼客体的基本含义进行界定，只能为人们初步认识诉讼客体提供一个导向，这只是刑事诉讼客体这个理论范畴的"门槛"。显然，这个概念还存在抽象性和形式化的问题，通过该概念人们仍然无法形象地感受到或直观地看到客体的具体存在。因此，为提高该理论的应用性，使之更接近具体的司法实践活动，需要对该概念

---

① 指我国语境下的司法机关，即检察机关和审判机关。

进一步具化。每一次不同的刑事诉讼都应有一个特别的指向对象，那么在一桩又一桩的活生生的具体的刑事诉讼中，刑事诉讼主体实施诉讼行为所整体指向的对象到底是什么呢？这个问题的答案，应该能为人们比较不同案件中的客体是否相同以及判断同一案件的客体在纵向的发展中是否保持一致等问题，提供一个具体而形象的比较对象或参照物。有学者称之为刑事诉讼客体的外延问题[①]，也有学者称之为刑事诉讼客体的内容或性质问题[②]。为了与基础概念的"形式性"特征形成对比，本书称之为刑事诉讼客体的实质内容。准确把握刑事诉讼客体的实质内容，能为控诉方准确设定刑事诉讼客体打下良好的基础。

一、关于刑事诉讼客体内容之既有学说概述

总的来说，学者们对该问题的研究由来已久，可谓论者纷纭。尤其是早期时期，我国台湾地区有较多著名学者，例如陈瑾昆、褚剑鸿、陈朴生、张丽卿等，都对此进行过探讨。其中，比较典型的学说有"刑罚权说""案件说""被指控的特定被告人之犯罪事实说"等。

"刑事诉讼客体内容的确定是深入研究刑事诉讼客体的前提条件，换句话说，刑事诉讼客体内容才是深入理解刑事诉讼客体的钥匙。刑事诉讼客体内容的确定对于刑事诉讼各诉讼主体的诉

[①] 如，张小玲教授在其专著《刑事诉讼客体论》中专章论述了"刑事诉讼客体的外延"问题，并认为我国刑事诉讼客体的外延为实体法事实。

[②] 参见刘仁琦：《论我国刑事诉讼客体内容的确定——案件事实及其法律评价的双重确定》，《法律科学（西北政法大学学报）》2012年第5期。该学者在其文章中将该问题称为"刑事诉讼客体内容"问题。

讼行为有着指向性作用"①，如此看来，仍有对该问题进行追根溯源并继续探讨的必要。

1. 刑罚权说

此观点在 20 世纪 30 年代就被提出，以民国时期的学者陈瑾昆为代表。他认为，刑事诉讼乃以确定刑罚权之存否及范围为目的，故其诉讼标的自为刑罚权。他又进一步指出，刑罚权之真正意义，乃国家对于被告之科刑权。告劾主义之下，科刑权广义上又包括起诉权。故诉讼标的从广义上包含着科刑权和起诉权两个方面，起诉权可分为实质起诉权与形式起诉权。②该观点将刑事诉讼的客体最终界定为刑罚权，后来该观点被不少学者所引用。刑事诉讼的客体是不是一种"权力"，有待于研究。

2. 案件说

我国台湾地区的有些学者持此观点，其中以学者褚剑鸿的表述为典型，"刑事诉讼之客体，乃刑事诉讼法实施之对象，亦即为原告攻击，被告防御，与法院审判之具体案件。此一具体案件，应为检察官提起公诉或自诉人提起自诉，所指之被告及其犯罪事实，二者组成一追诉与审判之具体案件，成为刑事诉讼之客体，而为审判对象之范围"③。此观点得到许多台湾学者的赞同，甚至成为主流观点。如，胡开诚认为，"诉讼客体，是为诉讼主体实施诉讼程序所欲处理之实体，亦即可能构成具体刑罚权之行为

---

① 刘仁琦：《论我国刑事诉讼客体内容的确定——案件事实及其法律评价的双重确定》，《法律科学（西北政法大学学报）》2012 年第 5 期。该学者在其文章中将该问题称为"刑事诉讼客体内容"问题。

② 参见陈瑾昆：《刑事诉讼法通义》，法律出版社 2007 年版，第 111 页。

③ 褚剑鸿：《刑事诉讼法论》，台湾商务印书馆 1983 年版，第 461 页。

事实，其在本法，可称为案件"①。蔡墩铭也认为，"刑事诉讼程序系对于具体案件实现刑法之目的而进行者，惟是，此种具体的刑事案件不失为刑事诉讼之客体"。②"案件说"在我国台湾地区较为流行。

3. 形式案件+实质刑罚权说

我国台湾学者陈朴生、张丽卿持此观点。如，陈朴生认为，"刑事诉讼，系以对于特定人之特定事实，为适用抽象的刑罚法，而形成并确定具体的刑罚权为其对象。故刑事诉讼，乃对于特定人之特定事实为确定具体的刑罚权而进行之程序。因在刑事诉讼上具有两种关系：一为国家与个人间之具体的刑罚权之关系，即处罚者与被处罚者之关系，称之为诉讼之实体，或称诉讼客体，亦称案件；一为确定具体的刑罚权而进行之诉讼的关系，即裁判者与被裁判者的关系，称之为诉。故诉之目的，在请求法院对被告之特定事实，以裁判确定其具体的刑罚权之有无及其范围"③。学者林俊益也持类似观点：国家对个人而言，存在处罚者与被处罚者的关系，此一具体刑罚权在刑诉法上称为案件，或称诉讼客体④。结合陈朴生的观点，张建伟教授在其编写的教科书中对此进一步说明，"诉讼客体为案件还是刑罚权，看似迥然不同，其实不然。案件由被告加犯罪事实构成，也就是说，被告及其犯罪事实，组成一宗追诉与审判的具体案件，该案件即为诉讼客体。

---

① 胡开诚：《刑事诉讼法论》，台湾三民书局1983年版，第65页。
② 蔡墩铭：《刑事诉讼法论》，台湾五南图书出版公司1999年版，第102—103页。
③ 陈朴生：《刑事诉讼法实务》，台湾海天印刷厂有限公司1987年版，第84页。
④ 参见林俊益：《刑事诉讼法概论》，台湾新学林出版股份有限公司2013年版，第121页。

案件作为诉讼客体，乃是形式上的诉讼客体。案件的实质问题在于刑罚权在该案件中的有无及其范围大小问题"，"由于刑罚权乃诉讼要解决的实质问题，故刑罚权乃实质上的诉讼客体。案件与刑罚权皆可谓诉讼客体，两者为形式与实质的关系"。① 该观点即结合了刑罚权说和案件说的内容。以上几种观点基本类似，均将案件视为形式上之客体，并指出实质之客体为刑罚权。

4. 被指控的特定被告人之犯罪事实说

该学说的观点实际上与"被提起告诉之人的被提起告诉之行为"相当。德国著名学者罗科信指出，"狭义的刑事诉讼客体，则仅仅为审判程序的标的，具体是指被告人被指控的犯罪事实。专有名词'诉讼标的'对此有一较狭意义。此名词的概念只指被提起告诉之人的被提起告诉之行为，亦即指法院诉讼程序之标的"②。该学者的观点呼应了德国刑事诉讼法的规定。德国刑事诉讼法规定，起诉书应记载被告人姓名、被起诉之犯罪行为、犯罪行为之法律要件及刑法处罚条文等事项；同时也规定，法院的调查与裁判，只能及于写明的被告人及行为。因此，德国学者基本认为，公诉之事实是刑事诉讼的客体，是法院调查与裁判的对象。此观点得到了较多学者的赞同。例如，有学者说，"检察官或自诉人提起刑事诉讼，被告人反驳指控，法院对于控辩双方的诉求和主张进行审判，都是针对一定的事实进行的，因此控、辩、

① 张建伟：《刑事诉讼法通义》，北京大学出版社 2016 年版，第 179 页。
② ［德］克劳思·罗科信：《刑事诉讼法》，吴丽琪译，法律出版社 2003 年版，第 179 页。

审三方组合的诉讼法律关系所共同的指向，是特定被告人被指控的特定犯罪事实，俗称'案件'"[1]。张小玲教授在其对客体理论的研究中，认为我国刑事诉讼客体的外延应为"实体法事实"，并将公诉事实与诉因作为刑事诉讼客体的两种类型。这说明她也认可将提起告诉之文书中记载的"有关事实"作为客体的内容。

5. 其他学说

关于刑事诉讼客体的内容为何的理论见解，还存在刑事责任说，案件事实和刑事责任的二元说，将实体法事实、程序法事实和法律评价都包含在内的广义说等其他学说。如有观点认为，刑事诉讼客体即刑事案件，具体包括刑事诉讼中所要查明的实体法事实和对该事实的法律评价，以及诉讼过程中应当解决的程序法问题。这些学说赋予了刑事诉讼客体以较为丰富的内容。

二、对既有观点的评价与反思

以上关于刑事诉讼客体内容及性质的观点，都各有论据。有些观点之间虽然存在联系或有交叉，但在性质和范围大小的差异上也是明显的，这反映出客体理论本身的抽象性和复杂性。以上观点中，"刑罚权说"与"案件说"（实为被告人和被指控事实说）之间存在着性质上的冲突；"实体法事实说"与"广义说"之间存在着范围大小的冲突。刑事诉讼客体的实质内容究竟为何，应该形成一个相对确定和统一的答案；对这些存在一定冲突的观点，也确有进一步研究和分析并作出选择的必要。只有厘清刑事诉讼

---

[1] 徐静村：《刑事诉讼法学》上册，法律出版社 2012 年版，第 112 页。

客体的实质内容，才能为进一步识别和区分不同案件中的刑事诉讼客体提供前提，否则识别和区分客体范围的理论将没有统一的标准，不利于该理论价值目标的实现。

1. 刑罚权说与案件说的厘清

在本书看来，刑事诉讼客体是刑罚权还是案件，是有着本质不同的。

"刑罚权说"起源较早，是一个贴着"传统"标签的学说。"实体法关系说"和"刑事责任说"与其有相似性。其核心论据在于，刑事诉讼程序的目的在于查明刑罚权之有无及其范围（或者说刑事责任之大小），刑事诉讼中存在国家与个人之间具体的刑罚权之关系，故诉讼客体应为刑罚权。可以说，传统观点在提出该结论时，并未就此作过多解释，似乎将其视为不言自明的道理。

"案件说"在我国台湾地区较为盛行。其论据是，诉讼各方都是针对案件展开其控、辩、审行为，刑事诉讼程序具体表现为办理案件的过程，故案件为指向的对象。但如上文所述，有些学者虽然将案件作为客体，但他们紧接着又指明了"案件"的本质内容：被告及其犯罪事实组成具体案件；可能构成具体刑罚权之行为事实，即案件。"公诉事实说"的主张者也指出，"特定被告人被指控的特定犯罪事实，俗称'案件'"。虽然有的学者将重心落在"事实"上，但由于被告是被控犯罪事实之责任的最终承担者，是诉讼程序中不可或缺的要素，所以"案件说"与"公诉事实说"具有相统一的一面。该学说的观点实为"形式上为案件、实质上为被告人和被指控的事实"，且并未将刑罚权视为客体的内容。

诉讼主体进行诉讼行为所指向的对象到底是刑罚权还是被指控的被告人之犯罪事实？这是解决客体内容究竟为何所不可回避的问题，因为刑罚权与特定被告人之被指控的特定事实在性质上并不相同。

不得不说，有些学者最初提出刑罚权是刑事诉讼客体的观点之时，尚处于我国对刑事诉讼客体理论进行研究的萌芽时期。刑事诉讼客体理论得以产生和发展，源于控审分离、诉审同一制度的建立。而从我国的具体国情看，20 世纪 30 年代正是我国逐步进入不告不理的近现代刑事诉讼的初期。彼时，由于对客体理论的研究很不充分，因此提出该观点的学者也未对这一结论作充分的论证。

本书认为，将刑罚权归纳为刑事诉讼客体的实质内容或外延，会使客体理论更加扑朔不明、让人困惑，不利于人们认识和理解"客体"，因此不应将刑罚权视为刑事诉讼的客体。理由如下：

第一，从诉讼客体的基本属性看，不应将一种"权力"作为诉讼行为所指向的对象，将刑罚权作为客体与客体理论的初衷存在逻辑矛盾。

刑事诉讼客体是刑事诉讼活动所应该指向的对象，根据不告不理的原则，审判的对象与公诉的对象应保持一致，具体表现为公诉机关在提起公诉时划定一个事实范围、确定一个"审判的对象"，以使后续的诉讼活动聚焦于该特定对象，各诉讼主体所实施的诉讼行为不得超出该对象范围。因此，刑事诉讼客体的内容在作出起诉决定时才确定，并开始存在于后续的刑事诉讼中。换个角度讲，每次刑事诉讼活动所针对的具体对象是经过公诉而产生并从此具体化，不存在没有客体的公诉案件。

而刑罚权是国家权力的一种，是国家处罚犯罪人的权力。抽象意义的刑罚权，始终为国家所具有，先于具体的刑事诉讼活动而存在，是启动任何刑事诉讼程序的根据，而不是具体的刑事诉讼行为指向的对象。这个意义上的刑罚权，在任何刑事案件中都是一致的，不具有被比较的价值，因此将该意义上的刑罚权作为刑事诉讼客体是没有具体价值的，而且刑罚权与诉讼同一等原理没有相关性。而具体刑罚权之有无，只有经过审理终结才能最终确认，而且这种确认在很大程度上只是一种"主观确信"，并不一定是客观和准确的判断。另外，在有些案件中，被告人自始至终无辜，因此具体的刑罚权并不存在于每一个案件中。但客体在每个刑事诉讼中都必须存在，不存在庭审结束才发现该案不存在刑事诉讼客体的情形，不管审判的结论如何，每次诉讼都针对一定的对象并展开了一次刑事诉讼活动。例如，经审理后被判无罪的案件，尤其是因"亡者归来""真凶再现"而被纠正的这些显性的冤假错案，在诉讼进行时必然具有其指向的特定对象，但国家对这些案件却没有实际上的具体刑罚权。实际上，即便公诉机关以虚构的事实对被告人提起公诉，虽然国家在该案中是自始至终没有具体的刑罚权，但法院也要针对该公诉事实进行审理，是有审判对象的。因此，"没有审判对象，就不可能启动审判程序，换一种说法，一旦运行审判程序，就必定存在审判对象"[①]，但国家在具体的诉讼中不一定存在具体的刑罚权。如果将具体的刑罚权作为客体，会得出有些刑事案件审结完毕却没有客体的谬论。所以，有的学者也指出，诉讼伊始就将刑罚权作为客体，背离了诉讼逻辑，暗示了需要追究刑事责任，这种观念是以有罪推定为前提的，与现代刑事诉讼理念不符。[②]当审理的结果是"无刑罚权"时，理论上却又认为刑事诉讼是以刑罚权为审判对象，这确有违背逻辑之嫌。

第二，将刑罚权作为客体的实质内容，与客体理论所应具有的功能不符。客体理论的重要价值之一在于指导人们贯彻不告不理和一事不再理等原则，具体的客体能为人们提供一个比较的对象。例如，不告不理原则要求客体前后一致，一事不再理原则要求相同的客体不被重复起诉。判断这两项原则是否被贯彻，都建立在对案件的客体内容进行区分和比较的基础之上。客体的内容经过公诉被特定化，一经公诉，这个意义上的客体就成为一种"固定物"，应该在观念上可以被形象地把握，从而便于作出对比和区分，以实现客体理论应有的价值。将刑罚权作为客体，实则难以比较，何为前后同一、何为超出指控范围，对此没有判断的具体标准；同为抢劫犯罪的两个不同案件中，刑罚权在性质上是否相同？又是否为同一客体？因此，将刑罚权作为客体不利于客体理论功能的实现，而且与客体理论的基本见解会形成冲突。例如，在单一性有关理论中，传统见解认为，刑事案件是否单一属于事

---

① 谢进杰：《刑事审判对象理论》，中国政法大学出版社 2011 年版，第 368 页。
② 参见张小玲：《刑事诉讼客体论》，中国人民公安大学出版社 2010 年版，第 36 页。

实问题，法院应根据职权进行调查。控诉机关以裁判一罪或数罪并罚起诉，裁判的结果仍可以按一人犯数罪或单一案件处理。[①]因此，刑罚权的有无及大小范围是适用法律的结果，由法院根据案件事实情况及法律规定加以确认，并不完全受制于检察官的指控或主张范围。这就意味着，在事实同一的情况下，即便公诉机关仅主张一个刑罚权，法院也有可能形成两个刑罚权，但这并不能认为法院侵犯了不告不理原则和超出了审判范围。因为在事实同一的范围内，法院有自主适用法律的权力。如果将刑罚权视为客体，那么在这种情形下，就会形成审判确认的刑罚权的数量超过公诉所主张的刑罚权数量的现象，这是否应视为审理和裁判的对象超出了公诉的范围并违反了诉审同一的原则？"刑罚权说"的观点，显然会与客体理论的有些见解形成内在冲突。因此，将刑罚权视为刑事诉讼客体，确有不科学之处。

第三，应将刑事诉讼所指向的对象与刑事诉讼的目的区别开来。对刑罚权的有无及其范围大小进行判断是进行刑事诉讼程序所要实现的目的，这并不能在理论的推演中实现，而需要建立在对特定的事实判断之上。换句话说，为判断刑罚权的有无和范围的大小而实施的一系列诉讼行为，不能又指向刑罚权本身。刑罚权的有无是诉讼结束所产生的结果，这个结果要建立在对有关的审判对象进行调查和裁判的基础之上。在诉讼程序终结之前，刑罚权的有无处于一种不确定的状态，而客体在提起公诉时就已经确定化，将刑罚权作为刑事诉讼的客体，甚至已经脱离了从主客体关系的角

---

① 参见陈朴生：《刑事诉讼法实务》，台湾海天印刷厂有限公司 1987 年版，第 88 页。

度对诉讼客体进行理解和界定的基本前提。

第四，从结果考察的方法来看，理论界在对客体理论进行后续和深入研究的过程中，基本上未将刑罚权再作为刑事诉讼的客体。刑事诉讼客体的两个重要原理，即单一性原理和同一性原理，均是关系到对诉讼客体进行识别的原理。但从主流的研究情况来看，两项原理主要是对案件中的被告及其犯罪事实进行比较、对指控犯罪事实的效力范围进行比较，均未将刑罚权作为识别和比较对象。例如，当审判的事项超出指控的犯罪事实时，则视为客体不再同一；同一案件不得重为诉讼客体，这种认识本身就暗含了"案件"是客体的意思，主要是指一事不两罚；而对客体是否同一进行判断时，也是围绕着对人和事的比较而展开。另外，从单一性理论的有关内容来看，应将诉讼中应一次性予以处理的事实范围视为一个单一客体；客体的单一取决于被告人和犯罪事实的单一；等等。从这些角度来讲，刑事诉讼客体的内容实际上与被告人之犯罪事实具有内在统一性。另外，理论上普遍认为，判断客体是否单一依实体法上刑罚权的个数而定，这也说明刑罚权实际上是外在于客体本身而成为判断客体个数的一个标准，二者在数量上可能存在对等关系，但刑罚权并不是客体自身。

总的来说，在确定刑事诉讼客体的实质内容时，应考虑提出客体理论的主旨和制度背景，以有利于客体功能的实现为导向。对客体内容进行比较、区分显然是实现客体理论功能的基础，客体的内容自然应成为被比较的对象。从对客体理论的总体研究进程来看，将刑罚权作为刑事诉讼客体是因为在我国对客体理论的研究初期，提出该问题的学者并未对此进行深入的论证。将刑罚权作为刑事诉讼客体的实质内容，既不符合提出客体理论的主旨，也不利于诉讼客体理论价值的实现。后续的研究也均未围绕刑罚权而对客体理论进行不断发展，因而没有发展出对"刑罚权"的性质、大小范围或数量进行比较的理论或原理。如果刑事诉讼客体的实质内容实为"刑罚权"，那么后续的理论研究为何不径直针对"刑罚权"这一实质而展开对客体的对比或区分？另外，在理论上对诉讼客体类型进行分类时，尤其是日本的审判对象理论，总体上都将诉讼客体分为公诉事实和诉因两种类型，而公诉事实和诉因的差别主要在于记载事实的不同方式，但内容都是以事实为基础。

综上，本书不赞同将"刑罚权"作为刑事诉讼客体的实质内容。

不同的刑事诉讼指向不同的对象，或者说，正是因为刑事诉讼活动所指向的对象也即刑事诉讼客体内容各不相同，才产生千差万别的不同案件。因此，本书认为，从形式上看，可以将案件作为刑事诉讼的客体。

刑事诉讼程序不断向前推进和发展，体现为案件在不同机关的流转。各职能主体以受案为始，以结案为终。在此过程中，各职能主体根据分工的不同，以不同的方式进行着"办案"工作，诸如司法人员所常说的"破案""起诉案件""审理案子"，都体现了以"案件"为对象的特征。而辩护人也往往以"接案"为参与具体刑事诉讼的开始，各方主体围绕着案件行使控、辩、审等职能，这就是有的学者所说的客体是"原告攻击，被告防御，与法院审判之具体案件"的观点。从此角度来讲,在我国,将"案件"理解为各诉讼主体进行诉讼行为在形式上所针对的对象,是更易理解和更符合人们的思维习惯的,与以认识论为基础所提出的"诉讼行为所指向的对象"的基础理论相协调。

2.案件的实质内容:被告人及指控事实

但是,如果止步于将案件作为刑事诉讼的客体,就仍然存在着"实际上什么都没说"的缺陷。将"案件"作为刑事诉讼客体的本质内容,无从实现对诉讼不同阶段所针对之对象的精确对比,存在有的学者所说的"宽严失当,无从把握"的问题,不便于作出比较。因为"案件"有一定的张力,诉讼各方在一个具体的刑事诉讼进程中,即便所实施控、辩、审行为在内容上已经突破应然的审判范围,但从表面看来仍然是在"该案"的诉讼过程中所为。因此,将"案件"作为刑事诉讼客体,虽然有容易理解的优点,但具体实务价值是有限的。"案件"仅仅是形式上的刑事诉讼客体,由此便形成了对"案件"的实质内容进行研究的理论。

案件因何而不同呢?正如有的学者所论,"刑事诉讼,系以特定被告之特定犯罪事实为其对象,使之具体化。故诉讼,固不得超越此种对象,自求发展;而案件,亦非经诉讼,无从使之具体化"①。正因为不同的刑事诉讼指向不同的被告或不同的犯罪事实,控诉、审判机关才有不断发动和进行刑事诉讼活动的必要。因此,不同被告与不同犯罪事实的组合,形成了不同的案件。在控审分离、不告不理的诉讼原则下,公诉机关通过起诉书载明特

---

① 陈朴生:《刑事诉讼法实务》,台湾海天印刷厂有限公司 1987 年版,第 86 页。

定的被告人及审查查明的事实并向法院提起公诉，从而将诉讼程序推向由法院所主导的审判阶段。因此，在每一起刑事案件中，都应有特定被告及指控的犯罪事实。诉讼主体的各种"办案"行为主要体现为查明被告人是否实施了所指控的犯罪事实及所指控的犯罪事实是否构成犯罪的过程。因此，刑事诉讼客体的实质内容，应为公诉机关所指控的特定被告人及犯罪事实。不告不理原则及一事不再理原则对刑事诉讼所提出的要求，实际上就是要求作为客体内容的被告人及其犯罪事实，在同一诉讼中应保持一致，在不同诉讼中不应相同。例如，有的法律规定法院的调查不能及于指控范围以外的人，实际上就是对法院审判对象的限制。因此，客体是否一致或相同，实际上体现为对人、对事进行比较以及对"事实"范围大小进行判断的过程。刑事诉讼客体之单一性原理和同一性原理就是这样发展起来的。

因此，刑事诉讼客体作为刑事诉讼行为所整体指向的对象，在形式上表现为诉讼程序所欲处理的案件，但从更实质和具体的角度讲，其实质内容应为公诉机关提起告诉的特定被告人及特定犯罪事实。被告人是公诉机关所指控犯罪事实的刑事责任的承担者，犯罪事实是要求被告人承担刑事责任的实体根据。被告人和其特定的犯罪事实组成一个客体单元，少一则无法称为一个完整的客体。公诉机关通过提起公诉，划定了后续的诉讼行为所应针对的"人"和"事"的范围，后续的审查活动就应限定在这一范围之内。关于刑事诉讼客体实质内容的问题，本书基本赞成我国台湾学者褚剑鸿的见解。我国大陆地区也有学者提出了基本相同的认识，例如，有的学者直接指出，刑事诉讼客体是指刑事诉讼所针对的特定被告人及其被指控的特定犯罪事实，仅有特定的被告人而没有犯罪事实或者仅有被指控的犯罪事实而没有特定的被控告人，都无法解决刑事诉讼的核心问题[1]。还有的学者指出，"刑事案件的基本构成要素有两个：一是涉嫌犯罪之人；二是待判定之犯罪事实。也就是说，刑事诉讼以特定人之特定犯罪事实为诉讼客体"。[2] 可见，作为刑事诉讼客体的具体的核心内容，就是刑事诉讼中的被告人及其被指控的犯罪事实。

三、被告人诉讼地位的多面性

将被告人作为刑事诉讼客体内容的组成部分，无疑会受到理论上的一些质疑。因为理论上普遍认为，被告人从过去被纠问的客体地位转变为诉讼的主体，是刑事诉讼制度的重大进步。再将被告人作为诉讼客体的内容是否有走回头路之嫌？在现代刑事诉讼中，被告人虽然享有基本的人权，享有自我辩护或委托辩护等重要权利，这些权利也应受到尊重，但从根本上讲，只要启动刑事诉讼，在技术层面上，被告人仍然是"被告"人，仍然是被指控和审判的可能承担刑事责任的对象，仍然具有权利受到一定限制、在诉讼中被攻击的一面。所以，"被告人作为刑事诉讼客体的组成部分，这是就其作为控诉、审判、辩护的对象而言，并不涉及其诉讼地位"[3]。对此，有的学者说，"在现代刑事诉讼中，

---

① 参见徐静村：《刑事诉讼法学》，法律出版社 2012 年版，第 50 页。
② 熊秋红：《刑事证明对象再认识》，《公法》第四卷，法律出版社 2003 年版，第 32 页。
③ 徐静村：《刑事诉讼法学》，法律出版社 2012 年版，第 50 页。

控诉方、被告方、裁判方均被视为刑事诉讼的主体，有权实施各种诉讼行为，尤其是作为被追诉对象的犯罪嫌疑人、被告人获得了与控诉方平等对抗的诉讼地位。但是，从另一方面看，刑事诉讼客体又不能不涉及犯罪嫌疑人、被告人。刑事诉讼客体所指向的对象是具体的刑事案件，而刑事案件由犯罪之人与犯罪事实组成。因此，犯罪嫌疑人、被告人在刑事诉讼中的地位具有二重性。一方面，他为诉讼主体，可以行使法律所赋予的各种诉讼权利，实施防御活动；另一方面，他又是国家刑罚权行使的对象，是刑事追诉与惩罚的对象。"①本书认为，这种认识是中肯的，因为刑事诉讼制度无论如何发展，只要具体的诉讼程序启动，其目的仍然在于解决被告人的刑事责任问题。被告人虽然受无罪推定原则的保护，但国家也具有通过诉讼程序追诉犯罪的权力。所以，一旦启动刑事诉讼程序，被告人必然被作为嫌疑对象而成为目标，必然是被采取强制措施而候审的那个人，在程序上仍然是被追诉的对象，不能完全脱离客体的地位。例如，客体"同一性"理论主要涉及对审判对象的比较问题，该理论有两方面功能：一是同一诉讼中客体前后同一的要求，二是不同诉讼中同一客体禁止再审的要求。对于前者，前后同一的显性要求是被告人的同一。例如，我国台湾地区刑事诉讼法第二百六十六条规定"起诉之效力，不及于检察官所指被告以外的人"，这实际上是对审判对象中"人"的要素所作的限制；对于后者，在两被告共犯一罪的案件中，如果不将"人"的因素纳入考虑，仅将犯罪事实视为客体，在对共

---

① 熊秋红：《刑事证明对象再认识》，《公法》第四卷，法律出版社 2003 年版，第 32 页。

犯一罪的两被告分别起诉时，则出现了对"同一客体"再诉的现象，这是否应当被禁止？显然这是不应被禁止的，因此作为审判之对象的"客体"，必然含有被告人的因素。公诉的提起，既特定了被告人，也特定了犯罪事实。因此，在现代刑事诉讼具体的程序运作中，从技术的层面讲，被告人本身难免有作为"客体"而存在的一面，是刑事诉讼客体的内容之一。

不过，在刑事诉讼程序中，被告人虽然具有被追诉的一面，但由于诉讼直接关系到"他"的刑事责任，因此被告人也有权以主体的身份参与诉讼并行使法律赋予的诉讼权利以维护其利益。所以，从尊重人权的立场讲，我们应树立不把被告人仅仅当作审判对象的价值立场和理念，我们虽然有权追诉被告人，但也应尽可能地保障被告人的主体地位。总的来说，被告人的地位在诉讼中呈现出诉讼主体与诉讼客体的两面性。

由于"人"作为一种形象而具体的物理性存在，易于感知和辨别，所以在诉讼中关于被告人是否同一或被告人的个数问题，实务人员通过一般的感性认识或日常的经验，即可轻易地实现对客体内容中"人"这一要素的比较和鉴别。因此，"被指控的特定犯罪事实是刑事诉讼客体的核心组成部分"[1]，理论上对客体的后续研究也主要是围绕"事实"这一要素而展开的。犯罪事实是否同一、事实的个数如何判断等问题，成为刑事诉讼客体理论的主要内容。

---

[1] 徐静村：《刑事诉讼法学》，法律出版社 2012 年版，第 50 页。

第三节　刑事诉讼客体内容狭义说与广义说的厘清

对于刑事诉讼客体的内容，在理论上存在"狭义说"与"二元说"或"广义说"的争论。有学者认为，刑事诉讼客体的内容仅限于实体法事实，主要是指公诉机关所指控的犯罪事实，该犯罪事实是定罪量刑的基础事实。有学者认为应将对事实的法律评价作为刑事诉讼客体内容，也有学者认为应将实体法事实和程序法事实均纳入刑事诉讼客体的内容。这些观点显然是不同的，这些学者给出了自己的理由。本书基本赞同"狭义说"。理由如下：

第一，应将刑事诉讼客体与证明对象区别开来。证明对象与待证事实含义基本相同，从有关的法律规定来看，诉讼中需要通过证据证明的事实是非常广泛的。例如，《刑诉法解释》第七十二条规定了诉讼中需要证据加以证明的十大项事实。诉讼主体所提出的这些事实或主张，在一定程度上，也是有关主体实施诉讼行为所指向的对象，但如果将所有的待证事实都纳入刑事诉讼客体的内容当中，就消减了提出刑事诉讼客体这一概念的原有意义。"刑事审判对象不是个别审判行为指向的对象，而是审判程序整体指向的对象，它自始至终存在于审判程序的整个过程。"[1]张小玲教授在界定刑事诉讼客体的基本概念时，在对诉讼的主体

---

[1] 杨杰辉：《刑事审判对象研究》，中国社会科学出版社2010年版，第11页。

范围进行限定的基础上，同时也指出了刑事诉讼客体是"整体"的诉讼行为所"共同"指向的对象，而不能将个别意义的诉讼行为所指向的对象看作诉讼客体。[①] 例如，对于证人、鉴定人等就特定的事实进行作证，这种"对象"就不具有整体所指向的特征，将其列为刑事诉讼客体的内容并无太大意义。

第二，应考虑提出刑事诉讼客体理论的基本主旨和语源。刑事诉讼客体理论是不告不理原则的产物，与刑事诉讼主体理论具有相关性，其重要价值在于推动建立控审分离、诉审同一的诉讼结构。通过公诉划定审判范围从而限制法院的审判范围和保障被告人的防御权，这对于防止司法专横和有罪推定有重要意义。客体理论的这种特别价值，也决定了不应将刑事诉讼客体的内容过于宽泛化。程序法事实，例如是否回避的问题、管辖权的事实，或取证手段是否合法的事实，是诉讼中应通过诉讼行为所解决或处理的事实，但这些事项系为实现程序公正、保障人权等程序价值而设立的，是法院应依职权查明的事实，与不告不理原则及公诉机关是否指控或主张并无绝对关联，有些可能是提起公诉后才产生的超出控诉预想的争议问题，而这些程序性问题的解决也只是诉讼中的一个插曲，并不贯穿诉讼始终。另外，证明被告人自首或立功的有关事实，与指控的犯罪事实之间并没有依附性，一般是犯罪后的表现，并不影响罪与非罪的认定，而且这是法院应依职权查明的事实，不以公诉机关在提起公诉时提出为必要。有些涉及立功的事实很有可能是被告人在审判环节才实施或提出

[①] 参见张小玲：《刑事诉讼客体论》，中国人民公安大学出版社 2010 年版，第 33 页。

的，这些事实虽然也是诉讼中应查明的事实，但不应被视为刑事诉讼的客体这一专有概念的内容。

另外，是否应将对事实的法律评价作为诉讼客体的内容，涉及对诉讼经济、诉讼效率以及限制审判权、保障被告人的防御权等多项诉讼价值进行权衡择取等问题。不同的诉讼理念可能会形成不同的制度设计或理论观点，并不存在确定和唯一的标准。不同的制度设计也各有其优缺点。相比来说，职权主义诉讼中，一般不把对事实的法律评价作为客体的内容，法院具有适用法律的自主权，法院的定性与控方的指控常有不同，这种现象一般不被认为违背了不告不理原则，因此不宜将对事实的法律评价一概作为刑事诉讼客体的内容。

总的来说，程序法事实和指控的基本事实之外的某些影响量刑的实体法事实，与刑事诉讼客体理论的主旨相差甚远，并无必要将其归为刑事诉讼客体的内容。鉴于此，有的学者才指出，只有被告人被指控的犯罪事实这一实体性问题才具备刑事审判对象的这些特征。[①] 将刑事诉讼客体的内容界定得过于驳杂，不利于突出刑事诉讼客体理论的独特价值。

---

① 参见杨杰辉：《刑事审判对象研究》，中国社会科学出版社 2010 年版，第 11 页。

第四节 本章小结

刑事诉讼客体作为刑事诉讼程序所整体指向的对象，是诉讼得以展开的不可或缺的要素。仅从哲学认识论的角度对刑事诉讼客体所下的定义，存在形式化和抽象化的问题。刑事诉讼客体的实质内容是客体在具体刑事案件中的具体化和形象化存在，是研究刑事诉讼客体理论的起点。对刑事诉讼客体有关原理的进一步研究，都建立在这一基本问题的基础之上。结合有关理论，提出刑事诉讼客体理论的主旨，可以将"案件"作为刑事诉讼在形式上的诉讼客体。从更为实质的角度讲，应将刑事诉讼中公诉机关所告发的特定被告人及其特定犯罪事实作为刑事诉讼客体的实质内容，以便为人们认识和比较具体刑事诉讼中的客体范围提供一种具体化的可以把握的比较对象。这种界定，尤其对实务人员而言，具有易于认识和容易把握的优点，也有利于客体理论价值的真正实现。

第二章　我国刑事诉讼客体
类型的界定：公诉事实

正所谓"刑事诉讼，系以特定被告之特定犯罪事实为其对象，使之具体化。故诉讼，固不得超越此种对象，自求发展"①，在司法实践中，法院应如何准确把握刑事案件的审判范围是一个值得关注的问题。考虑到认识能力的差异性及证据会发生变化等多重因素，在控诉机关通过起诉书对指控的被告人及其犯罪事实作了明确记载、描述后，应如何准确把握法院审判范围的最大"射程"，成为值得研究和讨论的问题。如果将法院的审判范围机械地严格拘泥于起诉书的记载本身，可能会频繁地引起变更起诉，甚至导致无罪判决等问题，进一步影响到真相的查明及诉讼的效率。而法院的审判范围问题与一个国家的诉讼客体类型密切相关。

---

① 陈朴生：《刑事诉讼法实务》，台湾海天印刷厂有限公司1987年版，第86页。

第一节　司法实践中法院的审判范围问题

被害人杜某因家中电视机被盗向公安机关报案。阜阳市颍东区公安局经侦查后发现蔡敏东有作案嫌疑并将其列为网上逃犯，后将其抓获，并在侦查终结后向阜阳市颍东区人民检察院移送审查起诉。该区检察院在审查后，于2020年1月25日以东检刑诉〔2019〕296号起诉书对蔡敏东提起公诉，指控蔡敏东深夜未经允许进入被害人杜某家中并在被害人家中留有指纹一枚，诉请法院以非法侵入住宅罪追究被告人的刑事责任。庭审中，蔡敏东对非法侵入住宅的指控自愿认罪，但合议庭认为蔡敏东的行为构成盗窃罪，并引导控辩双方对是否构成盗窃罪发表意见，控辩双方均不同意改变定性，且公诉机关不同意调整原量刑建议。最终，一审法院查明认定"蔡敏东到杜某家院内，推开堂屋门进入西房间卧室，打开冰箱门，后将放置在冰箱北侧桌子上的电视机盗走"，认为"公诉机关的量刑建议明显不当，且又不改变，本院不再采纳公诉机关指控的罪名和量刑建议，应依法按照审理查明的事实定罪处罚"，遂以盗窃罪判处蔡敏东有期徒刑六个月并处罚金2000元。一审宣告后被告人提出上诉，最终阜阳市中级人民法院裁定维持原判。[①]

[①] 该案例查询于中国裁判文书网。通过在该网站检索"刑事案件""蔡敏东"，可见本案的一审判决书及二审裁定书，文号分别为（2020）皖1203刑初23号、（2020）皖12刑终419号。

判决生效。

通过该真实判例可以看出，一是检察机关通过起诉书设定了审判对象，通过起诉书启动了后续的审理活动；二是在起诉书中仅指控了非法侵入住宅事实及罪名的情况下，法院针对与非法侵入住宅行为有紧密牵连关系的盗窃侵财事实进行了审理及裁判，并在检察机关不同意变更罪名和量刑的情况下，以盗窃罪对被告人作出判决，而且最终得到了二审法院的认同。法院无论在事实认定上还是在罪名适用上，都对起诉书的指控作了一定的扩大或改变。

在上述案例中，法院的审理和判决是否有违不告不理原则？这样的判决在我国是否可以被允许？这两个问题并非没有争议。因此，在司法实践中，在控方的起诉书对指控的犯罪事实已经作出明确记载的情况下，法院审判范围的边界成为一个值得关注的问题。实际上，这是"诉"的对象和"审"的对象是否保持了基本同一性的问题，这与一个国家的刑事诉讼客体类型息息相关。

第二节　刑事诉讼客体的设定

如上，刑事诉讼客体是不告不理原则的产物，它兴起于控审分离制度确立之后。当然，这并不意味着古代纠问制诉讼中没有"客体"，只是因为在当时的纠问制诉讼中，由于控审不分，没有专门的控诉机关和审判机关，"审判官"承担着侦、审等多种职能，完全主导审判活动，审判范围基本不受限制，无须顾虑"诉审同一""败诉"等问题，所以在当时研究审判范围等关于诉讼客体的理论是没有价值的。

随着文明和理性的春风不断吹入司法领域，近现代国家普遍建立了控审分离、不告不理的诉讼制度，无罪推定的诉讼原则也得到了普遍确认，其价值在于保障被告人的防御权，有效限制法院的审判范围，防止诉讼纠问化引起的错案及侵犯人权等问题。在这些制度和原则之下，法院的审判对象是经过告诉的提起而产生和确定的，审判方不得自侦自审，不得主动启动审判活动。因此，这一原则制度在形式上的要求是"无告诉则无法官"，司法审判活动的启动依赖于控诉的提起；其更为实质的要求是"诉审同一"，因为即便根据控诉启动审判程序后，审判范围还要受控诉范围的限制，不能诉审不一，否则就会出现"隐形"侵犯不告不理原则的问题。这就产生了控诉机关如何设定审判对象，以及进一步判断"诉审是否同一"等问题。

一、设定审判对象的"程式面"要求

一般而言，起诉书是审判对象的载体。从程式上来讲，近现代国家对于设定审判对象一般都提出了"以书面形式"的要求。例如，我国《刑事诉讼规则》第三百五十八、三百五十九条就明确规定，人民检察院决定起诉的，应当制作起诉书；起诉书应当一式八份，每增加一名被告人增加起诉书五份。所以，我国司法解释对起诉书的形式和送达份数都作出明确规定。日本刑事诉讼法第二百五十六条也规定了"提起公诉，应当提出起诉书"，并规定了起诉书应该记载的事项。因此，起诉书具有提示审判对象的作用，以书面的形式将客体内容加以固定，是接下来法院向被告人进行送达的基础，也是有关指控内容已经"白纸黑字"明确化的证明。另外，根据《刑事诉讼规则》第四百二十六条的规定，对于变更、追加、补充或者撤回起诉等变更审判对象的情况，也应当以书面的形式在判决宣告前向人民法院提出。以书面的起诉书明确审判对象，是当今各国对起诉的普遍要求。

二、设定审判对象的"实体面"要求

作为内容载体的起诉书，应该记载哪些内容以及如何具体记载或描述，直接关系到在实质上如何具体设定审判对象。提出控诉是行使求刑权的表现，被告人是检察官所主张的应承担刑事责任的人，犯罪事实是让被告人承担刑事责任的根据，因此起诉书必然要具备指控的被告人及犯罪事实这两项要素，否则刑事诉讼将无法有序地进一步展开。我国《刑事诉讼规则》规定，起诉书的主要内容应包括：（一）被告人的基本情况……；（二）案由和案件来源；（三）案件事实……。日本刑事诉讼法第二百五十六条也规定了起诉书应当记载"被告人或其他足以特定为被告人的事项""公诉事实"等内容。德国刑事诉讼法中也规定，起诉书通常要记载被诉之被告的姓名、被起诉的犯罪行为。可见，作为审判对象载体的起诉书的核心内容主要就是被告人及犯罪事实要素。

对于"被告人"这项要素，控诉机关通过记明其身份及采取必要的强制措施，来明确所指控的具体被告人，此后法院的审判只能及于该特定被告人，未经起诉的人即便构成犯罪也不能成为审判的对象。

对于"事实"要素如何记载，各国一般都提出"明确性"的要求。明确的指控犯罪事实是被告人有针对性的准备防御的基础，如果起诉的犯罪事实过于笼统或含混，不仅被告人及辩护人无从防御，法院也会无法准确把握审判范围，影响诉讼效率。例如，我国就将"起诉书中有明确的指控犯罪事实"作为法院"开庭审判"[①]的条件。日本刑事诉讼法中也有"应尽可能地以日时、场所、方法"明示诉因的规定[②]。总的来说，起诉书具有划定审判范围的"聚焦"的作用，因此应具有"明确性"，后续的诉讼活动才能专注于起诉书所划定的被告人及事实范围，否则就失去了起诉的应有意义。

第三节　刑事诉讼客体不同类型的产生

一般而言，控诉机关通过采取有关强制措施及记载有关身份，明确其指控的被告人，使法院的审判只能及于被起诉的特定被告

---

① 详见《中华人民共和国刑事诉讼法》第一百八十六条。

② 指日本刑事诉讼法第二百五十六条。参见《日本刑事诉讼法》，宋英辉译，中国政法大学出版社 2000 年版，第 59 页。

人。对于"事实"部分如何记载，各国一般也都提出了"明确性"的要求。有明确的被告人和明确的犯罪事实，是后续的诉讼活动得以有针对性地展开的必要基础，也是被告人展开防御的基础。如，我国将"起诉书中有明确的指控犯罪事实"作为法院"开庭审判"的条件，日本刑事诉讼法中也有"应尽可能地以日时、场所、方法"明示诉因的规定。但从微观角度来看，对于犯罪事实部分具体应如何记载、应明确到何等程度，各国的具体规定又有较大的不同。本书认为，对于如何具体设定审判对象，不同的国家有不同的规定，其中有制度设计的原因，但从更深的层次上讲，主要是由各个国家不同的诉讼结构、诉讼理念所决定的。受以上多方面因素的共同影响，诉讼实践中逐渐产生或形成了两种不同的刑事诉讼客体类型：公诉事实和诉因。例如，在日本，学者们就对本国的审判对象到底是"公诉事实"还是"诉因"产生了争论，形成了对"审判对象"进行研究的"审判对象论"。田口守一教授就曾对日本的审判对象理论所提出或关注的问题进行了总结，其中第一项就是"审判的对象是诉因还是公诉事实"问题①。总体来说，公诉事实和诉因是两种有代表性的、具有"标签"意义的刑事诉讼客体类型。

一、公诉事实

"公诉事实"是以职权主义诉讼为基础而发展起来的一种刑事诉讼客体类型，其基本特征是：法院的审判对象是起诉书中所

---

① 参见［日］田口守一：《刑事诉讼法》，张凌、于秀峰译，法律出版社 2019 年版，第 401 页。

表明的"犯罪事实"，不包含检察官对该事实的法律评价。此处的"犯罪事实"并非起诉书的记载本身，而是这种记载所表明的"完整的历史性事实经过"。

在职权主义诉讼中，法官具有发现真实的义务，裁判结果的可接受性主要建立在查清案件事实的基础之上。为了达到这个目的，法律赋予法官以较大的职权。在这种诉讼结构或诉讼理念下，虽然诉讼程序的展开也以检察官提起公诉为基础，但公诉的主要功能在于"向法院输入案件"[①]，"在职权主义诉讼中，法院有发现真实的义务，起诉以使法院产生足够的犯罪嫌疑即可"[②]，因此，法院有查清事实真相的义务，有法律适用的最终决定权。这在起诉书的设计上体现为，检察官在提起公诉时，一般将犯罪事实作为一项独立的事项加以记载，不将其与法律评价等混合在一起。例如，我国台湾地区的要求是要记载"犯罪事实"，与"所犯法条"并列。德国对起诉书记载的要求也是写明"被起诉的犯罪行为"，将其作为与"行为的法律要件""处罚条文"相并列的要素。对于此处的"被起诉的犯罪行为"应如何理解、其效力范围如何，学者们结合本国或本地区的实际，分别提出见解，认为"被起诉之犯罪行为"是事实叙述，"并非一特定的法律构成要件或由检察机关所认定的一犯罪事实的片段，而是在起诉时所指的整个过程"[③]。总的来看，这种记载事实的方式，以记载"事实"为使命，并未绝对要求检察官从法律的视角对事实加以规范、

---

① 杨杰辉：《刑事审判对象研究》，中国社会科学出版社 2010 年版，第 74 页。
② 徐静村：《刑事诉讼法学》上册，法律出版社 2012 年版，第 114 页。
③ [德] 克劳思·罗科信：《刑事诉讼法》，吴丽琪译，法律出版社 2003 年版，第 366 页。

整理或评价。德国奉行实体真实的理念，如德国刑事诉讼法的规定，为查明事实真相，法院应依职权主动将证据调查延伸至对裁判有重大意义的事实、证据上①，这就是有学者所说的"检察官起诉之作用并非限制法官行使职权之范围，其仅仅为发动审判，并为法官进一步查明案件事实真相提供线索，并指明大致的方向"②，因此德国法官所实际审判的对象并非严格局限于起诉书表面所记载的内容，而在于起诉书记载内容所代表的背后的"整个过程"，法院实际上可以审判的内容并不一定都能在起诉书中反映出来。同时，根据德国刑事诉讼法的规定，法官也不受检察官所提出的法律评价即起诉书中的"所适用的刑法条文"的限制③，因此起诉书中对事实的法律评价部分并不受不告不理原则的限制，可将其视为对法官的一种提醒，法官可以以改变定性等方式对法律评价进行变更，而不将其作为审判的对象。这是公诉事实审判对象的基本特征。

总的来看，公诉事实作为一种诉讼客体的类型，是在多种因素的相互作用下产生和形成的。检察官在起诉书中记载犯罪事实时不附加法律性的评价，仅记载"事实要素"并将其作为一项相对独立的内容，是"公诉事实"这种诉讼客体类型产生的基础条件。在诉讼理念、诉讼结构等因素进一步影响下，法律又赋予法官以发现真实的义务并配之以能动性较强的审判权，这让法官得以将审判的范围适当地扩张并自主适用法律，从而最终产生了"公

---

① 参见［德］克劳思·罗科信：《刑事诉讼法》，吴丽琪译，法律出版社 2003 年版，第 416 页。
② 张小玲：《刑事诉讼客体论》，中国人民公安大学出版社 2010 年版，第 52 页。
③ 参见［德］克劳思·罗科信：《刑事诉讼法》，吴丽琪译，法律出版社 2003 年版，第 184 页。

诉事实"这一有一定代表性的诉讼客体类型。可以说，公诉事实是以"实质真实发现主义"为引领而形成的一种诉讼客体类型。

二、诉因对象

在第二次世界大战之后，日本深受对抗主义诉讼的影响，逐渐发展出刑事诉讼客体之诉因说。诉因对象的基本特征是，法院的审判范围是起诉书所记载或明示的"诉因"，法院应以"诉因"划定审判范围，不得随意变更和扩大诉因。由于日本刑事诉讼法明确作出诸如"明示诉因""追加诉因"及"对未请求审判的案件加以审判是违法和上诉理由"等规定，因此有学者就指出，日本的刑事诉讼客体是特定诉因，"公诉事实只是潜在的审判对象"。例如，田口守一在其2019年版刑诉法教材中仍然指出，"现行的《刑事诉讼法》采用了起诉裁量主义、诉因特定制度、起诉书一本主义等当事人主义的诉讼结构。公诉事实对象说主张在这种诉讼结构中，在审判的对象问题上应当以职权主义为基础，因此采用公诉事实对象说的观点是困难的。应当认为，审判的对象（诉讼物）就是诉因（通说和判例）"①。因此，该学者基本认为日本的审判对象已经演变为"诉因"。这就涉及如何理解"诉因"的问题。

实际上，应该如何准确地理解"诉因"，本身就是一个复杂的问题。例如，有学者在结合日本等国家的研究后认为，诉因译自英文"count"，将之翻译为"罪状"或"指控的罪状"更为合

---

① ［日］田口守一：《刑事诉讼法》，张凌、于秀峰译，法律出版社2019年版，第404页。

适。①"诉因"一词本是存在于英美法中的概念，但英美法系并无对刑事诉讼客体理论的系统研究。日本吸收了诉因的有关要旨后，将其与刑事诉讼客体建立起了联系。根据英国的《起诉书法》和《起诉书规则》，起诉书由"导言"和"罪状"构成。其中"罪状"是起诉书的主体部分，包括"罪名陈述"和"罪行细节"。其中"罪名陈述"要载明指控罪行的名称，"罪行细节"包括指控罪行发生的时间、地点、实施情况及结果等构成犯罪的要素，以使被告人明白其受到指控的性质。②后来的学者们基本上就将"诉因"作为英美法中"罪状"的代名词。从英国的法律规定可以看出，诉因应该由事实和评价两部分组成。

诉因概念被日本引进后，多次在日本刑事诉讼法中出现。最明显的就是日本刑诉法第二百五十六条的规定："起诉书应当记载下列事项：被告人的姓名或其他足以特定为被告人的事项；公诉事实；罪名。公诉事实，应当明示诉因并予以记载，为明示诉因，应尽可能地以日时、场所、方法，特别指明足以构成犯罪的事实。"③在立法上采"诉因"之概念后，学理上基于日本诉讼理念的变化等因素，逐渐将诉因作为一种与公诉事实相对应的刑事诉讼客体类型。结合英美法的传统及日本的现行规定来看，有学者对"诉因"内涵的界定是比较贴切的，即诉因是控方为了使控诉主张得到法官的支持而在起诉书上记载的相当于犯罪构成要件的具体事

---

① 参见张小玲：《刑事诉讼客体论》，中国人民公安大学出版社 2010 年版，第 46 页。
② 参见谢进杰：《刑事审判对象理论》，中国政法大学出版社 2011 年版，第 154 页。
③《日本刑事诉讼法》，宋英辉译，中国政法大学出版社 2000 年版，第 59 页。

实，是由事实性因素和法律性因素构成的事实与罪名的结合体[①]。诉因对象实际上就是将起诉书中这种更加精确的法律化的"事实"作为审判对象，法院的审判范围要受法律评价的限制。

三、公诉事实与诉因的对比

无论对"诉因"作如何翻译或理解，诉因与公诉事实是既有区别又有联系的。

诉因作为一种刑事诉讼客体类型，与公诉事实有着明显的区别。首先，体现在起诉书的记载上。从英国及日本的规定来看，起诉书在记载"事实"部分时，一般将事实和评价作为相对独立的一项内容或直接将其糅合在一起，注重从构成要件或法律评价的角度去描述和概括事实，这就是日本有学者所说的"没有脱离犯罪构成要件的事实"，此种记载方式实际上使得诉讼当事人根据事实的记载就可知晓其罪行的性质。所以，诉因的价值在于使事实的法律性更加明显。起诉书这种"糅合"的记载方式是为法官将整体诉因作为不可拆分的审判对象做准备。而在职权主义国家的起诉书中，一般将事实与罚条作为两个并列的要素。其次，在当事人主义国家，理念上注重对审判范围作更严格的限制，也更加注重对被告防御权的保障，法官消极、中立的立场更加明显，被告仅需对此明确的控诉主张加以防御，法院受到"事实"和"法律"的双重限制，以至于法官的权限被限制在对"诉因"进行认否的范围之内，不能轻易地超出诉因认定事实。这些因素共同造成了"诉因"这一诉讼客体类型

---

① 参见杨杰辉：《刑事审判对象研究》，中国社会科学出版社 2010 年版，第 38 页。

的产生。而在职权主义国家中,法官的审判范围一般只受起诉书中"事实"部分的限制,有适用法律的自主决定权。

但是,诉因与公诉事实并非是完全对立的关系,通过日本刑诉法第二百五十六条的逻辑可以看出,"明示诉因"是为了指明"构成犯罪的事实",是记载指控的事实的方式。"通过起诉书中明确记载的特定诉因,就明确了作为法院审判对象的犯罪事实"①,因此,诉因能被作为一种审判对象类型,其本身必然包括作为案件核心的事实要素,这种"事实性"构成了控诉主张的基础,也划定了法院的审判范围和被告人的防御范围。只不过由于法律性的添加,诉因事实与诉讼主张变得更加密切。它与公诉事实一样,都表明了检察官所指控的特定事实,是检察官求刑的事实依据,且最终可能变成国家刑罚权的发生根据。

总体而言,公诉事实和诉因作为两种诉讼客体类型的代表,其背后的实质是法院审判范围的大小、受限制程度的问题,这种差异又进一步关系到被告人防御权能否得到保障。这种区别并不单纯是技术设计的问题,而是两种不同的诉讼理念在审判对象问题上的集中体现。起诉书具体记载方式的不同,只是形成或确定不同诉讼客体类型的直接因素,仅根据起诉书的记载并不能确定一个国家实际的客体类型;在诉讼理念和诉讼结构的影响下,国家又对法官在后续审判程序中的审判权给予强弱不同的配置。在这两方面因素的共同影响下,最终形成了"公诉事实"及"诉因"两种不同的刑事诉讼客体类型。这两种类型的诉讼客体,各有其优缺点。以公诉事实

---

① [日]田口守一:《刑事诉讼法》,张凌、于秀峰译,法律出版社 2019 年版,第 400 页。

为诉讼客体，使审判权具有了一定的能动性，有利于查清案件事实和提高诉讼效率；而以诉因为对象，有利于限制审判权和保障被告人的防御权。因此，近年来，公诉事实和诉因作为两种典型的诉讼客体，在具体的诉讼实践中也出现了相互借鉴的现象。

例如，日本的诉因对象已经与英美法上的传统诉因制度有所不同。出于发现真实和诉讼经济的需要，日本确立了在"公诉事实同一"的情况下可以变更诉因的制度，同时明确了在对防御不会产生实质性不利危险的情况下可以变更罚条。这在一定程度上避免了仅因诉因记载不当而判无罪或以新的诉因重新起诉的问题。职权主义国家近年来也越发注重对被告人防御权的保障，规定了"变更起诉""改变定性"等情况下的告知义务，而且"必要时可以再次开庭"[①]。这实际上是诉讼理念的变化在审判对象问题上的体现，是诉讼制度更加理性的表现。

第四节　我国刑事诉讼客体类型的确定

一个国家的刑事诉讼客体类型，虽然并非要完完全全地符合上述两种有代表性的类型之一，但一般以其中一个类型为基础而形成和确定。

上文对如何确定一个国家的刑事诉讼客体类型提出了两种维

---

① 参见 2021 年《刑诉法解释》第二百八十九、二百九十五条的规定。

度：一是要考察起诉书如何具体记载或设定审判对象；二是要结合一国的诉讼理念及对审判权的实际配置。要合理确定我国刑事诉讼客体的本质，必然也要考虑我国长期以来所信奉的司法理念以及以此理念为指导所形成的基本司法制度等因素。

一、我国法律对起诉书的基本要求

根据《刑事诉讼规则》第三百五十八条的规定，我国对起诉书中如何记载"案件事实"提出了要求，即"案件事实，包括犯罪的时间、地点、经过、手段、动机、目的、危害后果等与定罪量刑有关的事实要素"。从该条规定看，起诉书在记载案件事实部分时只能客观地记载"事实要素"，要从"发生学"的角度说清楚与定罪、量刑有关的"故事经过"，不进行倾向性的评价，不能掺杂主观的意见。同时，从该条规定看，要将"起诉的根据和理由"与"案件事实"分开，作为起诉书中相对独立的一项。因此，我国起诉书中的案件事实部分是不包括法律评价的。例如，从实务情况来看，起诉书中"经依法审查查明"部分主要是事实的认定和记载；另起一段之"本院认为"部分一般是对该事实进行一定的法律评价。我国这种关于起诉书应如何设定"案件事实"的规定，与以公诉事实为诉讼客体的传统职权主义国家基本相同。

二、我国对司法权的"职权主义"配置

长期以来，我国奉行实体真实、注重打击的诉讼理念。实事

求是、发现真相的理念深刻影响着立法者和司法实务人员。当前，虽然程序性辩护等辩护策略已经悄然兴起，但其实际的影响力仍然是有限的。总体来看，"重实体、轻程序"仍然是我国占主导地位的诉讼观。在这种观念下，发现真实是刑事诉讼最重要的使命。为实现这一目标，我国采取了尽量授予司法机关以较多权力的制度设计，这在审判环节体现为对审判权的超职权主义配置。这种配置具体体现为：

第一，法官不受公诉机关提供的证据范围的限制。根据我国《刑事诉讼法》第五十二条、第五十四条、第一百九十一条等有关规定，审判人员可以依法定程序收集、调取证据；在法庭审理过程中，合议庭可以通过勘验、检查、查封、扣押、鉴定和查询、冻结等方式对证据进行调查核实；审判人员可以讯问被告人，认为证人有必要出庭作证的，甚至可以强制其到庭。这些规定说明，出于查清事实真相的需要，法院有主动收集、调取证据等权力，并不以当事人提供的证据为限。这与当事人主义诉讼下的司法权配置情况有较大不同。

第二，根据《刑诉法解释》第二百九十五条第一款第（二）项的规定，在指控的罪名与审理认定的罪名不一致的情况下，人民法院可以直接根据审理认定的罪名作出判决。该规定赋予了法院在法律适用上的最终决定权，这说明法院的判决并不受起诉书所记载的罚条的限制，体现了根据最终审理结果实事求是作出判决的理念，也充分说明了对事实的法律评价并不受不告不理原则的规制。

第三，当前我国实行卷宗全面移送主义[①]，而不是有些国家所实行的"起诉书一本"主义，这使得我国法院在开庭审理之前，可以根据需要进行全面阅卷，侦审关系未被切断。这为庭审讯问、调查证据以查清案件事实做好了准备，体现了我国对查清事实真相的重视程度。

这样的制度设计，总体上体现了我国刑事诉讼的职权主义的特征，与对抗制诉讼下法官完全消极、中立的诉讼模式并不相同，也不实行诉因制度下的"认否"制度。国家对司法权的配置情况，在一定程度上能体现这个国家对"实质真实"的追求程度。这种具体的诉讼规则及其所体现的诉讼理念，都是决定一个国家的刑事诉讼客体类型的重要因素。

三、我国刑事诉讼客体的类型：公诉事实

从诉讼理念和具体的规定可以看出，在我国，法官的审判范围并没有被局限在起诉书所指的"片段"上，法官断案也不以控辩双方所提供的证据为限，法官可以以起诉内容为基础，尽可能地查明该"片段"背后的真实的"历史经过"，以发现实体真实、实现不枉不纵的目标。考虑到打击犯罪的效果和诉讼的效率，在我国，在起诉书记载不全面或有偏差的情况下，法院以此为审判对象而不能深入地查清案件的真实面貌，或者法院可以以起诉书的记载不准确为由作出无罪判决，这显然是无法被实务人员甚至

---

① 根据《人民检察院刑事诉讼规则》第三百五十九、三百六十条的规定，人民检察院对提起公诉的案件，应当向人民法院移送起诉书、案卷材料、证据和认罪认罚具结书等材料，也要移送翻供、翻证材料及有利于被告人的其他证据材料，体现了全面移送的原则。

普通群众所接受的，且与我国的诉讼理念不相符。

　　事实上，法院在庭审后根据查明的事实，合理地改变公诉机关所认定的事实或改变案件的定性，在我国的司法实务中已是常见现象。法院改变定性一般有两种情形：一是完全出于对法律认识的不同，二是在改变公诉机关认定的事实的基础上进一步改变定性。公诉机关提起公诉的标准虽然是"案件事实清楚"，但检察官的认识能力毕竟也是有限的，这种"清楚"也仅是其主观的确信而已，考虑到诉讼进程的动态化，对同一事实的认识在庭审之后变得更加准确和清楚是完全有可能的。因此，法官同样本着"案件事实清楚"的判决标准对案件事实作适当变更而不是"将错就错"，是可以被接受的。例如，公诉机关以"窃取"或"骗取"起诉，后经查明，实际上在取财时还采取了威胁或胁迫手段，但都是在解决因该次非法"取财"行为而引起的同一个社会问题，法院根据实际查明的事实以抢劫罪作出判决，在我国是可以被接受的。

　　实际上，本书认为，与日本的审判对象制度进行对比，有利于我们更好地理解我国的审判对象问题。日本实行了"公诉事实同一"下可以变更诉因的规定，这使得公诉事实实际上只被作为潜在的审判对象，同一公诉事实之下，变更之后的诉因有成为直接的审判对象的可能；而我国的制度实际上可以被理解为，不论检察官如何记载或评价，只要法院所审理的对象与记载之事实仍然"同一"即可。所以，我国的审判对象只受"事实同一"的限制，不受更精确的诉因的限定。受"公诉事实同一"的限制是不告不理原则的底线要求。若审判对象失去了同一性，诉讼将变得纠问化，成为隐形的"不告而理"。日本有学者对如何理解"公诉事实同一性"所提出的观点，对我们认识我国的审判对象有很大的启发意义。例如，铃木茂嗣教授指出，当论及公诉事实的同一性时，可以将其中的"公诉事实"理解为"公诉问题事实"，即起诉书所指向的特定的社会事实，整体的刑事诉讼程序就是为了解决这个特定的社会问题，只要该问题事实没有发生变化，就可以认为具有同一性；所谓的"公诉事实"，不是记载的那个"犯罪事实"，而是作为解答的被预定的公诉犯罪事实的社会问题本身。[①]对这个社会问题，可以有不同的判断，由此可能形成不同的"诉因"，而我国则跳过了诉因的变更程序，法院可以本着查清客观真实的立场，直接围绕该社会问题展开审理。

回到前文的"蔡敏东"案例，一审法院所认定的事实和罪名与检察机关在起诉书中所指控的事实和罪名都有明显的不同，考虑到仍是在审理和解决该"非法侵入住宅"行为引起的侵财问题，由于两者具有牵连关系和紧密的事理关联性，且法院在庭审中也履行了告知义务，所以这样的裁判在我国并非不能接受。但是，如果在日本或英美法国家，由于非法侵入住宅与盗窃侵财是完全两个不同的诉因，在未经追加或变更的情况下，这样的判决将是明显违法的判决，是无法被认可的。

综上，我国法院的审判范围并不受起诉书对犯罪事实的形式记载所严格限制，法官可以根据查清案件事实的需要适当地延伸审判的范围，法院也不受检察官对犯罪事实的法律评价限

---

① 转引自张小玲：《刑事诉讼客体论》，中国人民公安大学出版社 2010 年版，第 63—64 页。

制。因此，我国刑事诉讼中的审判对象与传统职权主义国家的审判对象基本相同，应将我国的刑事诉讼客体类型归类为"公诉事实"。

四、"公诉事实说"与不告不理原则的兼容性

我国的刑事诉讼客体是公诉事实。以公诉事实为诉讼客体，法官不受起诉书所明示的"犯罪事实"和"法律评价"的严格限制，可以在查清事实真相的基础上，尽可能地作出实事求是的判决。可以看出，法官的职权是有一定的能动性的。

众所周知，不告不理是分权制衡、限制审判权力的理念的产物，其基本要求是，法院的审判范围要限定在起诉的范围之内，防止诉讼纠问化，防止诉讼突袭。而以公诉事实为审判对象存在着扩大审判权力、使审判权力能动化的问题，因此，从形式上看，产生了"公诉事实说"与不告不理形成一定冲突的问题。

这首先涉及对"公诉事实说"的准确理解问题。以公诉事实为审判对象，不意味着法院可以无限地扩张审判范围，不意味着法院可以就与起诉书的记载不"同一"的无关事实进行实事求是的审理或查清，也不意味着法院可以在查清事实的基础上就未起诉的"真凶"或其他"共犯"直接作出实事求是的判决。为此，有的国家明确了"法院不得审判未经起诉的犯罪事实"或"法院的审判不得及于未经起诉的被告"等规定。而我国，出于对不告不理原则的尊重，有关的司法解释对法院的审判范围也作了直接的限定。例如，人民法院发现新的事实，可能影响定罪量刑或需要补查补证的，应通知检察机关，

检察机关不同意或未回复的，应当仅就指控的犯罪事实作出相关判决。① 这说明，我国虽然以公诉事实为审判对象，但也保持了对不告不理原则的基本尊重，审判的范围不能无限延伸，实务人员在处理具体案件时也应关注不告不理原则的基本价值，尽可能保障被告人的防御权，避免诉讼纠问化。

对此，如龙宗智教授所说，作为基本准则，不告不理原则应当是一个具有包容性的，且有一定弹性以适应不同制度背景并应付不同挑战的方向性、指导性规划。作为基本准则，不告不理原则虽然有时被称为"最低限度"标准，但也仍然具有执行的上限和下限。只要不背离和脱离其基本的质的规定性，在化为具体规则和规范时，可能采取不同的样式。② 此见解很有助于解释或理解不告不理原则与公诉事实说的关系问题。之所以出现两种诉讼客体类型，是因为它们是不同制度和背景的具体产物。相比较之下，可以将以"公诉事实"为审判对象视为执行了不告不理原则的"下限"标准。这种选择并没有突破不告不理的底线，也在一定程度上为探明案件的真相提供了更多条件和保障。这种价值选择是有其合理性的。

因此，在对"公诉事实说"作准确理解的情况下，以公诉事实为审判对象并不至于形成与不告不理原则的"质的背离"。正因为如此，以"公诉事实"为审判对象在很多法治发达的国家也经常存在。

---

① 详见 2021 年《刑诉法解释》第二百九十七、三百四十条的规定，这些条款都体现了对法院的审判判对象进行限制的态度。

② 转引自杨杰辉：《刑事审判对象研究》，中国社会科学出版社 2010 年版，第 34 页。

第三章 刑事诉讼客体之单一性

第一节 刑事诉讼客体的识别

识别刑事案件的客体是刑事诉讼客体理论的重要内容。张小玲教授在其对客体理论的研究中提出了"刑事诉讼客体的识别"的概念，并将其定义为"对刑事诉讼客体所及范围和界限的认识和辨别"[①]。"识别"一词有一定的涵盖力，具有"认识、判断、区分、比较"的意思。结合提出"识别"概念的语境看，可以将判断公诉的效力范围、辨别同一诉讼中不同阶段的客体是否同一以及比较不同诉讼中的客体等行为，都归入"识别客体"的活动中。例如，同一案件不得被两次起诉，是一事不再理原则的要求；而判断两次起诉的案件事实是否相同，就是识别诉讼客体的过程。在对客体理论进行深入研究的过程中，提出一个用来总体指称对客体进行比较等行为的概念，有利于理论自身的发展，也有利于凸显客体理论的价值。因此，本书将继续沿用"识别"的概念。

---

① 张小玲：《刑事诉讼客体论》，中国人民公安大学出版社 2010 年版，第 56 页。

一、识别客体：客体理论价值得以实现的基础

现代各国基本上都在一定程度上确立了不告不理的诉讼制度和一事不再理的原则。告发原则之下，"法院调查之主题应受告诉之拘束，诉讼标的有三项任务，即表明了法律程序之标的，概述了法院调查时及为判决之界限，规定了法律效力之范围"[①]，即告发原则起到"聚光"的作用，使法院所审理和裁判的对象仅限于提起公诉的被告人及案件事实范围，其他诉讼主体行使其控、辩等职能，也不得超出该特定的指控范围。而一事不再理原则的基本要求为相同的事实不应受两次以上处罚，这也是国际公认的刑事司法准则。在这样的诉讼背景下，如何规范地判断或者以什么样的标准判断起诉书所记载的"案件事实"的效力范围，以及审理或裁判的"事实"与公诉的对象究竟是否同一等问题，就成为诉讼中的重要问题和实际问题，这些都是具体的识别刑事诉讼客体的行为。[②] 我国刑事诉讼客体的主要内容是公诉机关所指控的犯罪事实，因而只有在具体的案件中实现对诉讼客体也即犯罪事实的准确对比和区分，才能从实质上判断刑事诉讼中的不告不理及一事不再理原则是否被遵循或违背；也正是对诉讼客体的具体识别活动，将刑事诉讼客体有关理论引向了具体的刑事诉讼程序，从而使客体理论产生了具体的实践价值。

[①] ［德］克劳思·罗科信：《刑事诉讼法》，吴丽琪译，法律出版社 2003 年版，第 179 页。

[②] 与对事实的判断相比，准确识别"被告人"这一要素相对简单，一般不会产生争议，所以理论和实务上都以对"案件事实"范围的研究为主。

二、识别刑事诉讼客体应确立规范的标准

在一定程度上，客体是案件的实体内容，客体同一即案件同一。判断案件是否同一，判断所审理的案件是否被审判过，具有重要的价值。然而，对客体进行区别和比较，需要一定的标准，需遵循一定的操作规范。"案件是否同一，仍应以刑事诉讼客体是否单一为准"[①]，这种理解有一定道理。一般情况下，在同一诉讼中，如果客体始终为相同的"单一"客体，也即随着诉讼的发展，客体的指向还处于"一个客体"的范围之内，则可视为案件保持了"同一"。所以，判断刑事诉讼中实际审理和最终裁判的事实是否超出公诉事实的范围，是否与公诉事实保持了质的同一，应确立一定的标准，进行规范的判断，而不能从经验的层面或仅仅根据对事实的描述或概括等表面要素而进行判断。另外，由于司法制度的构建并不像自然科学那样有一个纯客观的标准，不同的司法理念、诉讼模式和具体规定会导致不同的国家对公诉效力范围及审判范围的认识并不相同。具体到实务案例时，我们能更直观地体会到"规范"判断的重要性。例如，对于被告人的入户取财行为，起诉时以入户抢劫进行告发，后经审理查明，被告人没有采取胁迫的手段，或者法庭认为认定使用胁迫手段的证据不足，但能认定采取了窃取的手段，法院遂以盗窃罪对该入户取财行为作出判决。从表面来看，起诉时检察院所指控的"入户抢劫"的行为事实是不存在的，或者说是得不到证明的，而且起

[①] 蔡墩铭：《刑事诉讼法论》，台湾五南图书出版公司 1999 年版，第 105 页。

诉书中也没有指控、记载或描述盗窃的事实，在这样的情况下，法院仍以盗窃罪作出判决。虽然盗窃与抢劫无论在性质上还是行为结构上都是两种不同的行为事实，但这种判决在我国仍普遍被接受，而不被认为侵犯了诉审同一的原则，由此出现了"貌似没有指控，却可以判决认定"的实务现象。除此之外，受认识能力及证据变化等因素的影响，在起诉和审理的不同阶段，不同办案人员对同一社会事实的时间、地点、手段、数额等要素的认识存在不同，对同一社会事实的概括和描述也会因法律视角的不同而显著不同，因此起诉内容与判决内容经常会出现前后不同的现象。近日有律师结合人民法院案例库公布的韩某职务侵占案（入选编号 2023-02-1-226-001）写了"公安局以诈骗罪刑拘，检察院以盗窃罪公诉，辩护人认为是诈骗罪，法院以职务侵占罪判决"一文，认为该案折射出的诉讼现象涉及如何规范地判断指控事实的问题。如果不进行规范的判断，诉讼中可能会经常遇到判决的结果是否违反不告不理原则的疑问，这也关系到诉讼经济、诉讼效率及辩护权的保障等。因此，公诉的效力范围、审判对象和审判范围的合理确定，对于刑事诉讼的有序进行具有重要的作用。在实务中，准确判断审判范围是诉讼客体理论得以产生和发展的基础和动力。

　　刑事诉讼客体理论中存在的两个重要原理，即单一性原理和同一性原理，是关于如何识别刑事诉讼客体的理论。法院审判的对象与起诉的对象是否一致，不同诉讼中法院审判的对象是否相同，都是单一性原理和同一性原理所关注的重点问题。因此，识别刑事诉讼客体是刑事诉讼客体理论实现其价值的基础。

第二节　问题意识：
司法实务中的案件单一性问题

我国对案件之单一性理论的研究，基本停留在学理的层面。现行法律和司法解释中并没有有关"单一性"的概念术语，学理上对单一性理论的探讨也不够充分。这些因素导致大量实务人员对"单一性"问题较为陌生，极少有人将"单一性"有关理论用于司法文书或辩护意见中来解决实务问题。但当我们从单一性理论自身的理论价值角度来观察实务问题时，就会发现实务中经常存在有关案件单一性的问题。客体理论与具体的司法实务之间仍然存在很大的距离。本书将以一则具体的实务案件引出人们对单一性问题的思考。

2006 年至 2008 年期间，被告人黄某忠以宏利酒水购销有限公司的名义，以公司发展需要资金为由持续向社会不特定对象非法吸收存款。经审查后，某县检察院于 2019 年 1 月以 ＊检捕诉刑诉〔2019〕27 号起诉书向该县法院提起公诉，指控被告人黄某忠以宏利酒水购销有限公司的名义向 29 名不特定对象吸收存款共计 1880041.2 元，请求追究相应的刑事责任。法院审理期间，因又有被害人报案，检察机关查明被告人在上述指控的期间内，以相同方式还向张某、徐某非法吸收存款 5 万元，并于 2019 年

2月又以＊检捕诉刑追诉〔2019〕1号追加起诉决定书，向该县法院追加起诉该被告人向上述两名被害人非法吸收存款5万元的事实。该县法院受理后对该两次指控一并审理，并以（2019）鲁1323刑初190号判决书认定了被告人黄某忠犯非法吸收公众存款罪的全部事实，判处被告人有期徒刑一年并处罚金10万元。①

通过该案例可以看出，检察机关追加起诉后，法院对被告人非法吸收存款的全部行为进行了一并审理，作出了一个判决。根据实体法的罪数理论，非法吸收公众存款罪属于集合犯，被认为是法定的一罪。因为该罪本身就以"公开向不特定对象多次非法吸收存款"为客观构成要件，刑法也根据吸收存款的总数额和吸收对象的人数对该罪设定了轻重不同的法定刑并规定了法定最高刑。从法条体现的立法精神来说，司法机关在对该罪处罚时，应对被告人非法吸收存款的整体行为作综合评价，要根据总的吸收数额和吸收对象的人数选择适用相应的法定刑。如果对每个吸收行为单独评价、分别处罚，会导致很多问题：一则单个的吸收行为可能达不到追诉标准；二则无法认定该罪"公众性"之构成要件；三则可能会造成不断地对被告人数罪并罚，也会导致升格的法定刑失去适用的空间或量刑失衡问题。

以此案例为基础，我们不妨提出以下理论问题：其一，如果检察机关没有对"被告人向张某、徐某吸收5万元"的事实追加起诉，法院能否直接就全部事实进行审理并裁判？如果可以，那法院所认定的最终数额将超出起诉书的指控数额，是否违背不告

---

① 通过裁判文书网能查到有关该案的判决文书。

不理原则？其二，如果法院判决生效之后被害人才报案并查清新事实，检察机关应如何处理？能否另行起诉？需要注意的是，新发现的"非法吸收 5 万元"的事实不够立案标准，无法单独起诉和判决。在此，不妨将问题意识再明确一下，如果司法机关在判决之后又发现被告人存在向另一被害人非法吸收"100 万元"[①]存款的事实，检察机关能否再次起诉或应如何处理？这些问题，都是案件单一性理论所关注或研究的问题。

需要说明的是，这些问题在牵连犯、连续犯、惯犯、"数额犯"等犯罪现象中都可能会出现。

第三节 对日本、我国台湾 既有学说的总结及对比

关于单一性理论的内容和功能，可谓众说纷纭，因地而异，以至于难以用一个无争议的表述来反映单一性理论的基本内容。基本概念无法统一和定型，是"单一性"理论面临的问题之一。多年来，中外的许多学者已经对该问题进行了较多研究，但各有表述，抽象性较强，确有"扑朔不明，初学者不论，即便长年从

---

① 根据当时的司法解释，非法吸收公众存款罪的入罪标准和数额巨大标准分别为 20 万元、100 万元。100 万元是法定刑升格条件。2021 年，司法解释已经修改了入罪和数额巨大的标准。

事审判工作之人也不免困惑"①的问题。通过对比和分析可以发现，各个国家和地区对该理论的研究，都建立在本国、本地区的诉讼理念和具体诉讼制度之上，这是各个国家和地区之间的观点明显不同的一大因素。经过理论上的不断碰撞和交锋，人们对该问题的认识逐渐深入。虽然各观点之间存在差异，但所关注的主要问题具有一致性，而且部分结论到得公认。而与研究较早的国家和地区相比，我国对单一性理论的研究明显存在一些问题：一者，在我国大陆，对该理论作专门研究者甚少，有关著作和文章也多以介绍为主，内容大多是借鉴或挪用我国台湾地区观点，未与大陆地区的司法语境作具体结合，更未注重用该理论解决司法实务问题，因而使理论过于抽象化；二者，过往的研究未对单一性理论背后的实质问题作深入探究，造成有些观点或结论与诉讼原理、与我国大陆地区的现行规定或基本诉讼理念存在矛盾或冲突。单一性问题是客体理论的重要内容，因此有对其进行深入研究并使之本土化的必要。为能厘清单一性理论的来龙去脉，弄清该理论在不同国家和地区的发展变化情况，以深入了解单一性原理的本来面貌，本书对过往研究情况再作以下总结和分析，并希望在此基础上，提出关于单一性理论的新认识。

一、日本学者有关单一性问题的学说

日本是对案件单一性及单一性与同一性关系等问题探讨最充分的国家，学者们对此进行了大量的研究，对有些问题的争论不

---

① 这是我国台湾学者林永谋对台湾单一性和同一性理论的评价。

可谓不激烈。从有关资料来看，日本对此问题的研究程度和热度超越了德、法等传统大陆法系国家。有学者对产生该现象的背后原因提出了个人见解，"由于'公诉事实的同一性'被立法明确规定为诉因变更的界限"[①]，这应该是重要原因之一。除此之外，本书认为还存在另外一个重要原因，那就是立法上将"对没有请求审判的案件作出判决"作为绝对的上诉理由的规定[②]，也就是理论上所说的"超出诉因范围认定事实，是违法行为，也是绝对上诉理由"之问题。立法上有此规定后，理论上自然会探讨"公诉事实"前后是否"同一"以及何为超出诉因的问题，这些问题都必然涉及"公诉事实"和"诉因"的界限范围问题，因为只有审判的对象超出"诉因"的界限范围，才会形成诉因前后不同一从而突破诉审同一原则的问题。这些都是日本单一性理论所关注的内容。日本众多知名的刑法学者和刑诉法学者，结合实体法上的有关规定和理论，从不同的视角，对案件的单一性问题分别阐述了自己的观点。

小野清一郎被认为是首个提出"单一性"的概念的人。他指出，案件在提起公诉之时就被特定化，检方提起公诉时必须指定被告人、明示犯罪事实及罪名，这三项要素特定了被告案件；之后的诉讼程序只专注于该被告案件，而不能涉及其他案件，诉讼终结时所产生的既判力也仅限于被告案件本身。其又进一步指出，被告案件在程序中应当是不可分割的一个案件，也必须是彼此同一

---

① 张小玲：《刑事诉讼客体论》，中国人民公安大学出版社 2010 年版，第 57 页。该观点是指日本刑事诉讼法第三百一十二条第一款的规定。

② 指日本刑事诉讼法第三百七十八条第三项的规定。

的案件，案件的单一性就是作为一个案件不可分割地进行处理的范围的问题，也就是空间的统一性。① 小野教授的观点涉及了在程序上不可分割处理的案件范围的问题。

团藤重光的主要观点是，如果不看案件的发展，而是横向、静态地进行考察，案件的单一性就是指案件只有一个；而案件的同一性，则是着眼于程序的发展，纵向、动态的观察时，案件前后同一。这种见解对于理解单一性和同一性问题有一定帮助。

高田卓尔教授认为，单一性的问题不仅要横向观察，也应从纵向的对比中进行判断；单一性涉及的是案件个数是否为一个的判定，案件的个数既涉及实体法关于罪数的规定，同时也涉及诉讼法关于一次性处理的案件范围的问题。青柳文雄教授认为，日本刑事诉讼中的公诉事实的单一性，就是能否允许对起诉状中所记载的诉因加以预备或择一记载的问题。其解释说，当诉讼进行到一定程度，出现继续进行追诉还是追加诉因的问题，必然涉及实体法的规定，能否追加诉因关键要看追加的诉因与原起诉书记载的诉因事实是否构成实体的一罪或科刑的一罪，这显然是单一性的问题；有些情况下案件单一性是认定同一性的基础。而平场安治博士也同样提出，单一性是以起诉书所记载的原诉因的存在为前提，在此之上附加新事实（追加诉因），诉因的追加所允许的限度是一罪的范围，也就是公诉事实的单一性。以上观点都明确了实体法与单一性问题存在密切关系。

---

① 参见张小玲：《刑事诉讼客体论》，中国人民公安大学出版社 2010 年版，第 57—58 页。由于资料限制，文中所引用的日本有关学者的观点均转引自张小玲教授所著《刑事诉讼客体论》，第 57—65 页。

　　平野龙一教授认为，从横向来看诉讼，同样产生同一性的问题；从发展性来看诉讼，同样也出现单一性的问题，并举例作了说明。此后，其进一步指出，单一性是两诉因能同时成立情况下的关系。田宫教授指出，公诉事实仅仅是一个功能概念，公诉事实的单一性不过是实体法上的罪数问题，狭义的同一性则是国家的刑罚关心的一个性。

　　铃木茂嗣教授在其有关审判对象的研究中对以上学者的观点都进行了列举和对比，并对此进行了评判。铃木教授指出，当论及公诉事实的单一性时，应将公诉事实理解为"公诉犯罪事实"；当论及同一性时，应将公诉事实理解为"公诉问题事实"。单一性是指"程序上必须进行一次性处理"。从内容上看，公诉犯罪事实与诉因是完全相同的，但诉因的单一性和公诉事实的单一性不是同一概念，单一的公诉事实可以有两个诉因。他还指出，一直以来，单一性以罪数为基准是毫无异议的，本来的一罪及科刑上的一罪，具有单一性，如果是并合罪、单纯数罪就没有单一性。他也肯定了单一性涉及"一次性处理"问题以及与罪数理论的关系问题。

　　日本其他学者提出了关于单一性的看法。他们关于单一性的见解大多是在研究单一性与同一性的关系中一并提出。这些观点对于人们认识单一性有关理论的提出与发展史是很有价值的。虽然总的来说学者们对于单一性理论本身及单一性与同一性的关系问题存在较多争议，但通过对比和总结，这些观点能反映出单一性问题所关注的共同方面：一是应一次性处理的案件范围问题；

二是单一性与实体法罪数理论的关系问题，日本学者普遍肯定了二者的密切相关，实体法上的刑罚权是判断案件是否单一的标准，例如有学者直接指出公诉事实的单一性本质就是罪数问题；三是与同一性的关系问题，如有学者提出单一性是判断同一性的基础。另外，从日本的语境可以看出，诉因单一与公诉事实单一是两个概念，诉因与公诉事实在个数上并非一一对应的关系。

通过以上分析，我们应该认识到，日本对该问题的探讨是与其具体国情相对应的，日本的一些理论和术语有明显的地方特色，例如，"诉因"一词常出现在理论当中，这就是我们对日本的有些观点颇感抽象的原因。日本在同一个法条中保留了"公诉事实"与"诉因"两个概念的规定①，这就涉及对诉因及公诉事实的理解问题，涉及日本对审判对象进行严格限制的新理念，所以日本的单一性理论与其诉因制度存在密切关联。由于"不妨碍公诉事实的同一性，则可以变更或追加诉因"，因此日本学者团藤重光才提出，诉因是现实的审判对象，在不妨碍公诉事实同一的情况下，诉因可以修正，公诉事实可能构成潜在的审判对象②。而案件的单一性是针对公诉事实而言的，这实际暗含了一个重要信息：公诉事实的内容可能大于起诉的诉因事实。在同一公诉事实之下，未明示和追加的诉因，法院不得判决，公诉事实同一是追加诉因的最远界限。另一方面，日本刑事诉讼法将"对没有请求审判的案件作出判决"作为绝对上诉理由的规定，这实际上是从后果制

---

① 指日本刑事诉讼法第二百五十六条第三款的规定。
② 转引自张小玲：《刑事诉讼客体论》，中国人民公安大学出版社 2010 年版，第 6 页。

裁的角度来进一步规范审判对象的范围，因此，即便日本存在单一性的要求，其功能也仅在于限制追加诉因的界限，未经追加的诉因不能成为实际的审判和判决的对象。由此，在日本，公诉事实单一不等同于诉因单一。这是日本单一性理论的特色之处，我们要在日本的语境下理解日本的理论。

二、我国台湾地区对有关问题的研究情况

我国台湾地区的学者对刑事诉讼客体单一性问题的研究早于大陆，理论成果也比大陆丰富，较日本的研究也有新的内容，并形成了一些有代表性的观点。陈朴生、蔡墩铭及褚剑鸿等著名学者分别对客体的单一性与同一性的含义及关系等问题提出了自己的见解。

陈朴生在很早之前就对案件单一性的问题进行了很多研究，他的观点代表了我国台湾学者的主流观点，经常被我国台湾和大陆地区的学者引用。他的主要观点有：就诉的效力而言，单一案件固然具有不可分之关系，其起诉及判决之效力应及于案件之全部；审判范围应与起诉范围相一致。案件已否起诉，曾经判决确定否，应视其诉讼客体是否一个，即是否单一性为断；案件是否单一，应以其在诉讼上为审判对象之具体的刑罚权是否单一为断。详言之，即在实体法上为一个刑罚权，在诉讼法上为一个诉讼客体，具有不可分之性质，方克相当。① 之后陈朴生以"单一案件不可分"的见解为基础，就案件具有单一性在诉讼法上所产生的

---

① 参见陈朴生：《刑事诉讼法实务》，台湾海天印刷厂有限公司 1987 年版，第 87—88 页。

诉讼效果提出了自己的见解。他认为，案件具有单一性会产生五种效果。例如，不管起诉是否分割，法院就单一案件的全部有管辖权；检方虽就犯罪之一部起诉，效力及于全部；法院对单一案件的一部认定有罪后，效力及于案件全部；公诉机关对其中一部所作的不起诉决定无效，未起诉的部分不得另行起诉；法院对已起诉部分认定无罪，可就其他部分另行起诉；等等。[①] 例如，对于职业犯，被普遍认为是单一案件，是仅有一个刑罚权的行为。由于有"起诉不可分"的要求，即便控诉机关仅对部分营业行为提起指控，起诉效力也及于全部，法院得以对整体营业行为作出判决；判决后效力及于全部，产生"既判力不可分"的效果，控方不得对其余部分另行起诉。总结来说，他认为，单一案件将产生管辖不可分、起诉不可分、既判力不可分、上诉不可分等诉讼效应。这种见解产生了深远的影响，我国台湾很多学者对单一案件之诉讼效果的看法或认识，基本未超出陈朴生的概括范围。这让我们联想到本书所列举的陈菊玲非法进行节育手术一案的处理情况。据此见解，法院是有权对全案进行审理的，不受检察机关是否追加起诉所限制。

蔡墩铭对单一性原理也有论述。他认为，在刑事诉讼上案件被认为是一个不可分之客体，称为案件之单一性。对于一个案件只发生一个刑事实体关系，亦即一个刑罚权。唯是对于案件单一性之认定，实与被告所实施之行为应受一罪或数罪之处罚，至有关系。案件是否单一，与案件构成之内容即被告及犯罪事实有关。

[①] 参见陈朴生：《刑事诉讼法实务》，台湾海天印刷厂有限公司 1987 年版，第 89—91 页。

对于案件单一在诉讼法上的效果，他也明确提出了"起诉不可分、既判力不可分"等观点。如，对于起诉之单一案件，法院不可仅对其一部进行裁判，而置其他部分于不顾。若法院仅就其一部进行审判，则判决的既判力及于全部；漏判部分，不得再为起诉之对象，并以牵连犯为例对此作出说明。[①] 他提出了从被告和犯罪事实的双重维度来判断案件是否单一的问题。

陈朴生、蔡墩铭的基本观点并无二致。他们都认为，实体上的刑罚权是判断案件单一的标准，只有一个刑罚权的单一案件在诉讼中具有不可分的性质。这种认识与日本的观点有相同之处。需要简单说明的是，二人对案件单一之诉讼效果的认识也基本相同，这几乎成为我国台湾地区的代表观点。但他们所提出的起诉效力和判决效力原则上及于单一案件之全部事实的观点，与日本的观点相比，显然是新的内容。日本的学者在研究中并没有明确地提出这种主张。另外，二人都认为单一案件不可分存在一个例外，即"惟（唯）检察官就犯罪事实一部起诉者，效力及于全部，并非全无限制，必须已起诉部分与未起诉各部分，均成立犯罪，始足当之。否则若起诉部分不成立犯罪，纵未起诉部分罪证明确，亦无起诉效力一部及于全部之可言"[②]，此所谓"皆属有罪才生不可分关系"的观点。这一观点常为后人所支持或引用，但也有学者对此提出批评。

我国台湾学者褚剑鸿关于单一性之内涵和效果的观点也很直

---

① 参见蔡墩铭：《刑事诉讼法论》，台湾五南图书出版公司 1999 年版，第 104—105 页。
② 蔡墩铭：《刑事诉讼法论》，台湾五南图书出版公司 1999 年版，第 104—105 页。

观："刑事案件之单一性，即刑事诉讼进行中审判之案件，为单纯的一个不可分割之案件，法院对此一案件，只能行使一个刑罚权，为一次裁判。"[①] 与之类似，陈健民也明确指出，在实体法上系单一刑罚权者，在诉讼法上即为一案件，亦即为一个诉讼客体，两者不可分割。法院对单一案件，只能行使一个刑罚权，为一次裁判，如经判决确定，不得重为诉讼客体。[②] 这些学者关于"单一案件只有一个刑罚权、不得重为诉讼客体"的观点，与前述学者所说的案件不可分割、不能另行起诉是相同效果。

与以上学者相比，胡开诚对案件单一性问题有自己的认识。他认为，"案件之个体，亦即案件之单元，乃是构成一个案件所应有之成分；少之因不足以构成一个完整之案件，多之便非一个案件所能包容。从而构成一个案件所有之成分，既不能将其割裂为数个案件，亦不能把一个案件所不能包含之成分强行并纳为一案。是以案件之个体，实具有完整不可分之特征，论者或称之为案件之单一性"[③]；并指出，对于构成一具体刑罚权之行为事实，即便该行为事实可分为数个动作，但依实体法之规定，只构成一个刑罚权，不容任何理由加以分割。案件之个体，是衡量案件个数之基准。[④]

总而言之，我国台湾地区学者关于案件单一性的内容以及案件单一在诉讼法上所产生的效果，虽然在表述上有所差异，但基

---

① 褚剑鸿：《刑事诉讼法论》，台湾商务印书馆1983年版，第367页。
② 参见陈健民：《刑事诉讼法要论》，中国人民公安大学出版社2009年版，第92—93页。
③ 胡开诚：《刑事诉讼法》，台湾三民书局1983年版，第67—69页。
④ 参见胡开诚：《刑事诉讼法》，台湾三民书局1983年版，第67—69页。

本观点是相同的，都强调了单一客体应具有完整性，不得对组成一个单一案件的成分进行分割处理，而单一案件的判断标准是根据实体法上的刑罚权。因此，他们实际上都肯定了单一性理论与实体法的密切关系。另外，我国台湾地区学者对案件单一的诉讼效果问题进行了非常细致的研究，主流观点认为"案件不可分"原则在诉讼进程中的不同阶段均应得到坚持，由此产生了审判范围和既判力范围明显扩张的问题。需要说明的是，对于该主流观点，已经有学者提出质疑，本书将会就此进行论述。

三、我国大陆地区对单一性问题的研究情况

如前所述，相比于日本和我国台湾地区，我国大陆鲜有学者对有关单一性问题进行系统、深入研究。一段时间以来，我国大陆学者在理论上确实忽视了对该问题的研究，大多数的刑事诉讼法教材甚至对客体理论的基本问题都不做介绍，可见我国对客体理论的研究或教育程度与其基本范畴的地位是不相符的。

也有些学者在其文章或著作中提及有关客体单一性的理论，如熊秋红教授等对单一性问题曾进行介绍与阐释，主要是引用我国台湾地区的有关观点，并未结合我国大陆的司法语境对该问题进行深入研究并得出适合我国大陆的结论。例如，关于单一性理论的基本内容，有关著作指出，"单一性强调了起诉单元的不可分割性"[①]，"刑事诉讼中进行起诉和审判的案件，为单纯的一个不可分割的案件，法院对此案件只能行使一个刑罚权，进行一

---

① 宋英辉等：《刑事诉讼原理》，北京大学出版社 2014 年版，第 131 页。

次裁判，如经判决确定后，不能重新作为诉讼客体"①；有些教材也指出，刑事案件的单一性是指从静态的横断面来考察刑事诉讼是否是一个不可分割的整体，取决于被告人的单一性和公诉事实的单一性。②杨杰辉在其专著中指出，刑事审判对象有两个重要性质，即单一性和同一性，其中单一性是指审判对象的不可分性。③可以说，这些观点基本上借鉴或引用了我国台湾地区的传统观点，并未在其基础上作进一步的研究。

近年来，张小玲教授对客体理论的单一性问题进行了系统研究。在研究中，她介绍了日本和我国台湾地区学者的过往理论成果，对其进行了总结和评判，并提出两个主要观点：第一，单一性所涉及的问题是事实的整体与部分之间和事实的部分与部它之间的关系问题。只有当追加的诉因所涵盖的事实与原诉因所涵盖的事实存在部分与部它关系时，才允许追加诉因。第二，单一性涉及诉讼中需一次性处理的案件的范围问题。单一性的判断须以实体法为依据，实体法上认为是一罪的，应作为一个案件，在诉讼上应作一次处理。④在此基础上，该学者结合我国大陆地区的语境，明确地对单一性的概念问题提出了自己的观点：刑事诉讼客体的单一性是指，诉讼客体作为一个诉讼程序或者一次诉讼所处理的对象，在范围上所具有的不可分割性与完整性。这一观点具体又包含两重含义：一是单一客体不可分割，单一客体是最小

---

① 熊秋红：《刑事证明对象再认识》，《公法》第四卷，法律出版社 2003 年版，第 33、34 页。
② 参见龙宗智、杨建广：《刑事诉讼法》，高等教育出版社 2016 年版，第 77 页。
③ 参见杨杰辉：《刑事审判对象研究》，中国社会科学出版社 2010 年版，第 21 页。
④ 参见张小玲：《刑事诉讼客体论》，中国人民公安大学出版社 2010 年版，第 71 页。

单元，不能被分为若干部分通过不同的诉讼程序解决；二是单一客体无须进行添加，具有完整性和自足性。[①]这是我国大陆学者对单一性原理的新认识。总的来说，张小玲教授肯定和借鉴了日本和我国台湾地区的部分观点，认为应将实体法只有一个刑罚权的事实作为一个完整客体，不可分割。这似乎是客体理论当中雷打不动的一项原则。她就单一客体事实的诸要素之间存在"整体与部分、部分与部它"关系的总结，对人们形象地理解单一案件很有帮助。但遗憾的是，在其专著中，该学者未结合我国大陆地区的司法语境，就案件具有单一性所产生的诉讼效果问题作进一步论述，而这恰恰是单一性理论在各国具体司法程序中最有实用价值的部分，也是单一性理论中争议较多的问题。

四、对过往学说的整体比较、评析与反思

以上对日本、我国台湾地区和我国大陆关于单一性理论的有关学说进行了介绍。由于我国大陆学者对该问题的研究较为薄弱，而且有关结论基本上在台湾传统的成果范围之内，因此本书仅将日本与我国台湾地区学者的观点作整体比较，以厘清单一性理论的整体发展变化情况。

日本和我国台湾地区学者观点相融贯的地方在于，他们都肯定了案件单一性与实体法密切相关，案件单一性涉及在程序上不可分割处理的案件范围的问题，这又关系到实体法上的罪数理论问题。

[①] 张小玲：《刑事诉讼客体论》，中国人民公安大学出版社 2010 年版，第 74 页。

但日本和我国台湾地区学者观点的不同之处也是很明显的。通过以上分析可以看出，日本对该问题的讨论不可避免地受到了诉因的影响。诉因的提出是为了进一步限定审判的范围和保障被告人的防御权，这是二战后日本刑事诉讼受英美法系的影响而产生的一大重要改变，因此在重视正当程序和保障被告人防御权的诉讼理念下，法院的审判范围必然会受到严格限制。由于公诉事实的涵盖能力大于诉因事实①，而法院现实的审判对象是已经明示的诉因事实，这就导致法院的实际审判范围并不一定能及于公诉事实的全部。对于在同一公诉事实之内但未经追加的诉因，原则上法院不能加以审判。例如，日本刑事诉讼法"应尽可能以日时、场所及方法，特别指明足以构成犯罪的事实"之明示诉因的规定，目的就是为划定审判与防御范围做准备。由此，在日本，在连续犯或牵连犯等单一案件中，如起诉书仅以确定的日时、方法、场所、后果等明示了部分诉因事实，法院何以就被告人在其他日时、场所或以其他方法所实施的未予以明示的有连续或牵连关系的行为加以审判？否则明示诉因、限定审判范围的意义何在？此举无异于又将诉因对象论完全抹杀而重新回到公诉事实说的轨道。因此，从掌握的资料来看，日本对单一性理论的研究，似乎并没有专门针对"起诉不可分、审判不可分、既判力不可分"等理论进行争论或深入研究。

而相较于日本，我国台湾地区奉行公诉事实说，更加注重查明整体的案件事实，并无诉因的概念。我国台湾的通行观点是在

---

① 关于追加、撤回、变更诉因的条款，就暗含了同一公诉事实之下可能存在多个诉因的观点。

实体法上仅有一个刑罚权的事实，在诉讼中不得分割——因为单一刑罚权是无从分割的，于是认为刑罚权只能一次性地被整体实现。以此为基础，我国台湾理论界及实务界在肯定单一案件之"起诉不可分"原则的基础上，发展出了"起诉和判决效力及于全部，不得另行起诉、不得重为诉讼客体"等学说。相较于日本的学说，我国台湾学者所主张的案件单一性所具有的诉讼效果明显已经扩张，使法院的审判范围具有较大的浮动性和能动性，这正是台湾地区传统理论近年来遭受质疑和批评最多的地方。如何看待日本和我国台湾的这种差别？我国台湾的理论将案件单一性的诉讼法效果显著放大，其中最重要的原因可能在于台湾刑事诉讼法第二百六十七条"检察官就犯罪事实之一部起诉者，其效力及于全部"的规定，此所谓"起诉不可分"原则，与日本"明示诉因""追加诉因"等立法规定有明显的不同。我国台湾地区在立法中采行"起诉不可分"之规定，为诉讼中审判权和既判力的扩大提供了重要根据。所以，我国台湾学者扩张单一性之诉讼法效果的观点并非完全没有根据。对于我国台湾和日本对于单一性理论研究的这种差别，有学者认为是当事人主义诉讼和职权主义诉讼的差异所导致的[①]，但本书认为这并不是唯一的原因，该问题实际上还涉及不同国家和地区对"不告不理"原则的执行程度和理解问题，主要是制度的具体选择和设计问题。此外，这种差别与日本和我国台湾地区的诉讼理念也息息相关，不一定非要上升到主义之争。

---

①此观点认为，单一案件在职权主义诉讼中才产生审判不可分的效力，在当事人主义诉讼中不产生审判不可分的效力。参见龙宗智、杨建广：《刑事诉讼法》，高等教育出版社 2016 年版，第 78 页。

例如，德国作为传统的职权主义国家，并未在立法中明确作出"起诉不可分"的规定，反而作出"法院的调查与裁判仅限于起诉书中所载之犯罪行为及被告"的规定。

总之，对于案件单一性之诉讼法效果问题，日本和我国台湾地区的观点存在显著差异。对于我国台湾地区的通说，虽然大陆地区普遍引用，但仔细研究可以发现，其观点存在着与实体法的基本原理、与诉讼法的其他原则相冲突的问题。例如，如此扩张审判范围，如何解释与不告不理原则所形成的冲突？对未判决事实禁止再诉的观点，是否与实体法上充分、全面评价犯罪事实的理想存在严重冲突？所以，近年来，也早有学者对此通说提出疑问。如林钰雄教授在其刑法总论教材中就举例说明了这种既判力扩张可能产生的荒谬现象："例如，持枪杀人之牵连犯，持枪被判决有罪确定者，效力及于杀人部分，杀人不得再诉？！连续偷窃 100 次者，其中 2 次犯行被判决有罪确定者，效力及于全部，其余 98 次不得再诉？！类似问题，亦存在于形式结合犯……"[①]由此看来，根据传统见解得出的有些结论，且不说在诉讼原理上是否有根据，仅从朴素的正义感出发，有时也难以被人们所接受。

显然，"绝对不可分"之观点与其他原则所形成的冲突，以及人们对此提出的朴素质疑，对传统观点提出了不可谓不大的挑战，但传统理论未就此进行深入的回应或解释。进一步说，即便传统理论在我国台湾地区有一定的存在合理性，因为台湾刑诉法有"起诉不可分"的规定，但在大陆地区没有上述规定的情况下，

---

① 林钰雄：《新刑法总则》，中国人民大学出版社 2009 年版，第 433 页。

将这样的理论囫囵吞枣地移植到大陆地区，是否与大陆的司法理念、与现有的法律规定存在不相容的问题？本书认为，这些疑问都应成为进一步研究我国大陆地区刑事诉讼客体单一性理论需要直面的问题。另外，我国台湾地区和日本理论的这种差别，从一定程度上也说明，案件单一性的有关理论或实际诉讼效果会深受一国诉讼理念和具体规定的影响，存在因地而异的现象。因此，这一理论的有关内容并不存在一个确定、唯一的答案，每个国家和地区可能有不同的制度设计和选择，这为进一步研究我国大陆地区的单一性理论提供了空间。

第四节　单一性理论中的两大基础问题

要重新认识单一性原理在我国大陆地区的基本含义及功能，一方面，不能脱离提出单一性理论的基本背景和主旨，这就要求我们要对日本及我国台湾地区学说进行对比和分析，这是使这一理论范畴保持一定融贯性的必然要求；另一方面，在对该理论进行反思和再认识时，也要考虑我国大陆地区的基本司法语境，要与我国大陆地区的具体法律规定和普遍认同的诉讼理念相联系，从而得出恰当的本土化结论。

从过往研究情况看，案件单一性问题共涉及两个层次的问题。

第一，对于单一性问题，比较明确和争议不大的观点和见解是"单一案件只有一个客体、不可分割处理",为此要首先明确何为单一案件的问题。由于案件的实质为"客体",也就是诉讼程序所欲处理的对象,主要表现为案件中的犯罪事实,因此当强调单一案件不可分割处理时,实际上是强调单一的"事实"不可分。哪些事实组成一个不可分割的事实单元,并被认为是一个单一案件,从而在诉讼中应被一次性不可分割地处理,成为单一性理论的基础问题。

第二,在解决了如何判断单一案件这一基础问题后,又要解决单一案件的诉讼效果问题,即案件单一对起诉、审理、裁判等提出什么样的要求、会产生什么样的具体诉讼效果。例如,当未能对相关事实作一次性处理(公诉、审理、裁判)时,如何确定后续的审判范围和判决既判力范围,以及能否对"遗漏事实"另行处理等问题。其中,后一问题所涉内容即为传统理论中所探讨的单一案件的诉讼法效果问题。

单一案件,从特征上说,案件的整体与组成该单元的各部分事实之间呈现出有些学者所提出的"整体与部分""部分与部它"之间的关系。正是由于这一特征,对部分事实的处理可能会对其他事实造成一定的影响。如果相关事实不具有互相联系的关系,原本就可以分割处理,那么就谈不上单一性,也就更谈不上后续的"效力相及"的问题。

由于事物是普遍联系的,每个生活事实都与其他事实之间存在着彼此衔接等相互关联的关系,且事实都有无限延展性,而司法程序是要解决特定争议事实的,哪些事实应该被作为一个整体事实并需要在一次诉讼中进行处理，哪些事实可以分开"另案处理"，成为需要研究和解决的问题，也是司法实务中的常见问题。而对于同一宗事实，在程序上对其作一次性处理或者作多次处理，不仅关系到诉讼的次数、经济、效率等问题，也可能会影响到被告人的实体责任。对于本该一次性处理而未能通过一次诉讼处理完毕的遗漏事实（通常以漏罪的形态存在，但不限于漏罪）应如何处理，是实务中的疑难问题，也关系到判决的既判力问题。因此，刑事诉讼客体理论与实务中的一些常见问题确有较多关联。据此，应根据什么样的标准或原则，在纷繁复杂的总体社会事实中，划定一个应一次性处理的事实单元，应该成为理论所研究的问题，也是为便于实务操作而应该予以明确的问题。这实际上就是如何判断单一案件的问题。

第五节　单一案件的判断标准：刑罚权

案件单一主要以案件不得再行分割为特征。案件由被告人和公诉事实所构成，因此有学者才说"案件的单一性取决于被告人的单一性和公诉事实的单一性"，这种基础见解是合理的。据此，案件单一表现为被告人和公诉事实的不可再分割性。其中，关于被告人这项因素，由于每名被告人要分别对自己的罪行负责并自行承担法律后果——这是基本的常识，因此即便在数人共犯一罪的场合，国家对每名被告人分别享有刑罚权，所以当被告人人数为多数时，案件必然具有"可分性"，案件也就没有单一性可言，这是显而易见的道理。从经验层面看，实务中经常存在同案被告人不能同时到案的现象，由此常有"同案人已判刑""同案人另案处理"等情形，这都是对共犯一罪的数名被告人分别处理的现象。由于被告人的人数仅凭一般性的生活经验即可判断，因此单一性的问题焦点或研究重点主要围绕事实问题展开。案件单一与否的判断主要基于"案件事实"是否单一，这实际上就是应如何确定应一次性予以处理的案件事实的范围问题。案件中如若包含了可以另行处理而不必在该次诉讼中处理的事实，那么该案件就没有单一性可言。这就是有学者所说的"少之不足、多之不可"的问题。

应如何确定应一性予以处理的案件事实范围？解决此问题是进一步研究单一案件的诉讼法效果问题的基础。本书认为，如何划定这一范围，的确应该确立一定的标准或方法，而不应由司法者自行决定，否则将使诉讼失去可预期性，也会使诉讼散乱和失去秩序。显然，在不同的标准之下，"应一次处理的事实范围"可能会出现范围大小的不同。例如，被告人入户后实施暴力并对同一人抢劫、强奸的行为，系以相同手段在同一时间、同一地点对同一人实施侵害，可以说各个行为是相互关联、交织的。从发生学的角度、用一般的经验主义标准来判断时，可将该行为看作是一个单一案件；如果从法律对被告人惩罚后果的角度，由于被告人犯有数罪（根据我国大陆地区刑法），又可以对其行为分开处理和评价。例如，对强奸事实判决后，仍可以对其抢劫行为进行追诉。因此，单一案件的事实范围会因标准的不同而不同。

从过往对"标准问题"的研究来看，不同国家和地区的观点和实务做法也不尽相同。例如，有学者认为，德国采取了行为意义上的"实质上不可分割"的标准，由司法人员依据经验和常理来判断行为是否为一个"实际上不可分割并且交错复杂的事件经过"，而不依赖于实体法的规定，与司法官的素质较高有关，但该学者也认为德国的标准与罪数理论有一定关联。[①] 日本的观点多倾向于根据实体法上的罪数理论来判断，具有实体法上之单纯一罪或科刑上一罪关系的数个事实之间，具有单一性。我国台湾地区普遍以刑罚权为标准，如陈朴生所述，在实体法中仅有一个刑罚权的案件，在诉讼法上即为单一案件。

对此，本书基本赞同以刑罚权为标准的观点。

要认识这个问题，还应回到诉讼法与实体法的关系上来。虽然诉讼法有多重目的，但设立诉讼法的最重要目的仍然在于为实现实体法的规定提供程序上的保障。罪刑法定原则之下，如果没有追诉犯罪以实现国家刑罚权的需要，就没有诉讼法这一"必要的恶"的存在必要，而检察官提起公诉从而发动一个诉讼的目的也在于依据实体法的规定进行求刑。诉讼程序虽然有其独立的价值，但是不能脱离实体法的需要而独立存在。

因此，对于案件所涉及的相关的一个或多个行为事实，如果实体法上仅将其评价为一个犯罪，或者虽然在形式上符合数个犯罪构成、应受数个不法评价，但如果依实体法的规定或各种处罚

---

① 张小玲：《刑事诉讼客体论》，中国人民公安大学出版社 2010 年版，第 77 页。

原则，从结局上而言，国家能且仅能对该事实行使一个刑罚权，继而在诉讼程序中，将这样的整体事实作为诉讼法上一个不可再行分割的"单一案件"，自然是有道理的，也是应当的。这个整体事实单元中各个有法律意义的要素成为对该案定罪或量刑不可缺少的重要依据，司法者不能将仅有一个刑罚权的事实拆散处理。从经验层面也可得出这样的认识：将仅用一个刑罚权便能充分评价的整体事实，在一次诉讼中加以解决，最有利于查明案件的客观真实情况，也最符合诉讼经济和诉讼效率的原则。在这样的标准之下，这样一宗事实如果不能得到一次性处理，要么会产生评价不充分的问题，要么会产生再次处罚而形成两个刑罚权的问题，而这都会对被告人的实体责任或诉讼效率产生影响。因此，将刑罚权作为判断案件是否单一的标准，实际上是实现实体法的要求，也具有易于操作等优点。

在控审分离的诉讼制度下，由于控诉在前，所以这种"一次性予以处理"的要求，首先就是对公诉方的要求。原则上，公诉方应将在结局上仅有一个刑罚权的整体事实，一并记载于起诉书并提示法院和被告人，从而为有关事实能被一次性审理及裁判打下基础。

当然，以刑罚权的个数作为标准并非没有缺陷。在这样的标准之下，法定的一罪及裁判上的一罪，例如连续犯、结合犯、集合犯、牵连犯等犯罪样态，在实体法上均被认为是仅有一个刑罚权的案件，而这些犯罪样态往往是由数个举动或数个具有一定相对独立性的行为组成，也即对这类"单一案件"能否分开、另行处理，在实践的需要上和理论的认识上可能会产生矛盾和分歧。

以刑罚权作为标准，是单一案件之"审判不可分、既判力不可分"理论遭受质疑的根源。另外，刑罚权是否单一深受处罚政策等因素的影响，也与一个国家实体法的规定密切相关，这使得同种形态的犯罪行为所应受刑罚权的个数，可能会因地、因时、因政策而发生变化，继而会导致相同形态的犯罪的客体数量在诉讼中呈现出不确定性。例如，我国台湾地区在2005年修订刑法时删除了原先对牵连犯、连续犯从一重处罚的规定①，牵连犯、连续犯便形成两个刑罚权，原本被视为单一的"牵连犯""连续犯"便不再具有单一性；还如，我国大陆地区理论上和司法实务中普遍认可对牵连犯按一罪处理的原则，但我国大陆地区司法解释对牵连形态的犯罪应如何处罚没有固定的标准。例如，根据我国大陆地区刑法第一百九十条的规定，对故意造成财产损失或者故意造成被保险人死亡、伤残或疾病以骗取保险金的行为，按数罪并罚的规定处罚，就造成牵连案件的单一与否并没有统一答案的问题。不过，从另一方面讲，这也现了单一性理论与实体法的密切关系。

总体而言，本书赞同以刑罚权作为判断单一案件的标准，以确定应一次性予以处理的案件事实的范围。这既有利于准确定罪、合理量刑目标的实现，尊重了罪刑法定的原则，也有利于提高诉讼效率，并能防止个别司法机关恣意分割案件进而反复折腾被告

---

① 2005年修订前条文规定，"犯一罪而其方法或结果之行为犯他罪名者，从一重处断"，"连续数行为而犯同一之罪者，以一罪论。但得加重其刑至二分之一"。2005年修订刑法时删除此规定。修正理由为，牵连犯犯罪行为系复数，法益侵害亦系复数，与法条竞合不同。从一重处断存在扩大既判力范围、鼓励犯罪之嫌，亦使国家刑罚权之行使产生不合理之现象。

人或故意加重被告人刑罚的现象。

第六节　此一案非彼一案：
实务中的"一案"常为数案

一个客体对应一个案件，数个客体必为数个案件，从理论上来说，客体数量与案件数量是呈对应关系的，与判决中的刑罚权数量也呈对应关系。然而，实务中常存在"一个案件"中含有多个诉讼客体、形成多个刑罚权的情形。出现这种现象的原因，并不是客体理论失灵，而是因为彼一案件并非此意义上之"单一案件"。

司法实务中，经常存在以"办案数"作为指标之一的业绩考评机制。随着对办案流程监管机制的不断完善，检法机关都已运行统一的网上办案系统（如"检察机关统一业务应用系统"），既实现了案件受理、分配与办理过程的留痕，也方便了对业务数据的统计与对比。但在实务中，办案系统所统计出的或者作为考核指标的案件数量中的一案，实非客体理论中的一案。例如，系统中以一个案件条目所呈现的案件，例如"王某某盗窃、寻衅滋事案"，或者"王某某、李某某故意伤害案"，实际上均非严格意义上的一案。这些案件缘何不是一案呢？

正如有学者所说，国家刑罚权，本系对于每一被告之每一犯罪事实而存在。故案件之构成，包括被告及犯罪事实两种要素。称一被告之一犯罪事实，为一案件。[①] 是故，一被告和一犯罪事实构成一个最小的案件单元，即构成一个案件，缺其要素之一，则不成为有效案件。但在刑事诉讼的实际运行中，出于诉讼经济、诉讼效率或准确、全面查清犯罪事实之考虑，往往在侦查、审查起诉或审判中形成了将数人之数犯罪事实进行并案处理的现象，此情形下的一个案件"在法律上原非不可分之诉讼客体，故为数案件，亦即数诉"[②]。我国刑事立案中的牵连管辖、合并管辖等规定，为案件的合并提供了根据。所以，司法实务中"一个案件"的卷宗中，可能包含了一人犯数罪或数人共犯一罪的证据，由此出现了司法实务中的通常意义上的"一案"有时实为数案的现象。正因为"实为数案"，所以检察机关在所运行的办案系统中，相应地设计了案件合并或拆分程序，以适应"并案"或"拆案"的需要，但拆分后的最小办案单元，仍应包含一被告和一犯罪事实。刑事诉讼客体理论中的单一案件，系指客体单一，也即被告及犯罪事实均属单一之情形。

---

① 参见陈朴生：《刑事诉讼法实务》，台湾海天印刷厂有限公司1987年版，第87页。
② 我国台湾地区学者陈朴生是在讨论诉与案件的关系时指出该观点的，他将此称之为"诉的合并"。我国大陆司法实务中形成了"拆案"或"并案"的习惯称谓。

第七节　罪数理论与单一性理论的关系研究

从实际情况看，罪数理论是实体法的重要内容，研究者以刑法学者居多；而单一性理论主要体现于程序法之中。因此，从过往对客体理论的研究看，两者之间有着紧密的联系。

一、实体法之罪数理论在客体理论中的价值体现

从日本及我国台湾地区对单一性理论的研究来看，学者们无不将罪数理论的有关内容引入单一性理论当中。单一性原理与罪数理论到底有何关系？为何单一性理论中一定要有罪数理论的参与呢？本书认为，在确认将刑罚权作为判断案件单一与否的标准后，将罪数理论引入单一性理论中是自然而然的结果。因为司法者在判断国家对于一宗案件事实最终是否仅有一个刑罚权时，借鉴罪数理论的已有研究成果是最为有效和便捷的方法。在罪数理论中，有关本质的一罪、法定的一罪、处断的一罪等内容，都涉及对一宗事实在整体上应否作为一罪评价或处罚的问题。在经过长期的研究后，学界对罪数理论的大部分成果已经形成共识。在判断一罪还是数罪的问题上，罪数理论已经成为一个有效的工具，判断罪数的过程基本上能实现对刑罚权个数的判断。从这个意义来说，传统学说一直肯定单一性原理与罪数理论的密切关系，是

有着充分根据的。正因为此，有学者甚至提出了单一性的问题本
质上就是罪数理论的观点。罪数理论从实体法的角度说明对哪些
事实应按一罪评价或处罚，单一性理论则从程序的角度提出对此
宗案件事实应在一次诉讼中予以处理的要求，可以说，二者有着
相同的目的。对生活中的这些罪数不典型[①]事实如何处理，正是
实体法的罪数理论与诉讼法上单一性理论的契合之处。

二、罪数理论的价值应在诉讼程序中实现

单一案件在诉讼中不得分割处理，具体表现为在实体法上仅有
一个刑罚权的事实应在一次诉讼中进行处理。这是单一性理论中普
遍认同的基本观点。然而，这一结论的实质根据何在，或者据何推
导出这一结论，关系到这一结论是否科学或能否被普遍认可。

在本书看来，"仅有一个刑罚权的事实不能被分割处理"的
结论之所以被广泛接受，是由于这种"一次性处理"的方式最能
准确、恰当地贯彻罪刑法定原则和实现罪数理论的研究目的。罪
数理论本身追求处罚的实质合理性具有科学和法治的立场，以此
为导向所形成的有关结论应当在诉讼法中被贯彻和实现。

罪数理论以如何评价和处理生活中的各种非典型罪数形态的
事实为重要内容，被称为"刑法学的暗黑篇章"，具有一定的复杂性。
虽然近年来有学者提出以竞合论代替罪数论的观点，但这两种理
论所关注的基本问题是相同的。罪数理论的复杂性体现在，一方面，
有些犯罪事实本身具有一些特殊的样态，而刑法分则众多条文之

---

① 与典型一罪和典型数罪相对应。

间有时又存在相互交叉或重合的复杂关系，这使得较多行为呈现出形式上数罪、实质上一罪等特点；另一方面，罪数理论还要关注处罚效果，追求处罚的实质合理性，有时评价上或实质上的数罪，最后又要按一罪处罚，如牵连犯，就是刑事处罚政策作用于刑罚的一种体现。这两方面，正体现了罪数理论的存在价值。经过相当时间的研究后，理论界和实务界对罪数理论的基本内容和目的及其所依据的指导原则已经形成共识。如何评价或处理非典型事实是实体法的重要任务，罪数理论显然已经具有了方法论的价值。而罪数理论形成和发展所依据的指导原则及欲达致目标的设定，为罪数理论的可接受性打下了牢固的基础。对此，林钰雄教授指出："竞合论[①]的目的，或者说其要达到的任务，一言以蔽之，就是对行为人的所有犯行，作出充分而不过度、不重复的评价。这是指导竞合论的'帝王条款'，与竞合论长相左右，但也正是竞合论的难题所在。所称'充分而不过度'的评价，其实也是罪刑相当、禁止过度评价及禁止不足评价等原则映射在竞合论的倒影，与宪法的比例原则有关。所称'充分而不重复'的评价，是为了合乎一行为不两罚、一事不再理原则的法治国基本要求，同时具有实体法与程序法的双重面向。"[②]有学者在评价德国竞合论时也指出："最终功能导向指向实现量刑均衡，遵循禁止重复评价和全面评价的量刑基本原则，确保所有定罪量刑的事实都能够在判决中有且只有一次得到考量。"[③]可以看出，竞合论（罪数论）所欲达致目的或遵循的原则体现了"宪法比例原

---

① 竞合论所研究的内容与我国刑法理论中的罪数论大体相当。
② 林钰雄：《新刑法总则》，中国人民大学出版社 2009 年版，第 429 页。
③ 张淼：《刑罚变革维度中的罪数判断及应用展开》，《江苏警官学院学报》2019 年第 2 期。

则""法治国"的要求，追求量刑均衡、适当。可以说，以此为指导所形成的罪数理论的主要内容，是经过了深层次的检验的，是体现了正义原则的结论。罪数理论经过相当的努力，将有关事实论证为"以一罪评价或处罚"，以实现对犯罪充分和不重复的处罚，而如果在诉讼程序的运作中再将相关事实分割处理，必然从根本上违反了实体法的基本精神。单一性理论对单一案件在诉讼中不应分割的要求，就是实现实体法的规定性的过程。罪数理论所形成的结论，只有在诉讼程序中被遵循，其最终价值才能实现。罪数理论大部分成果的科学性，也决定了这样的结论应当在诉讼中被实现。

综上，诉讼程序的设计，不能不考虑实体法的规定性，要尽量选择实现实体法精神和原则的最优方案。

第八节　单一案件的主要类型
以及不可分割处理的理据

从罪数理论的研究成果来看，理论界对不典型罪数形态的分类标准虽然没有统一认识[①]，但不管如何分类，该理论所囊括或研究的总体案件类型基本是一致的。我国多数学者所主张的"三分法"认为，将应按一罪处理的非典型罪数形态分为三类，即实

---

①理论上提出了两分制、三分制等分类方法。每种分类方法之下又有多种具体观点。有学者对分类方法和具体类型进行了总结。详见刘宪权：《罪数形态理论正本清源》，《法学研究》2009年第4期。

质的一罪、法定的一罪及处断的一罪。这三种"不典型"罪数形态，再加上不为罪数理论所重点关注的"单纯一罪"，从最终处罚的角度讲，都属于在实体法上仅有一个刑罚权的案件类型，即都属于诉讼法上的单一案件。本书将以此分类为基础，对单一案件的具体类型及对其不可分割处理的理据作简要分析。

一、实质一罪

一般认为，实质一罪包括继续犯、结果加重犯、想象竞合犯、法条竞合犯。这类犯罪形态之所以被称为"实质"的一罪，是因其与单纯一罪有区别，其在自然的举止动作上并不是一个单纯的举动，而往往在形式上有数罪的特征或可能，虽然从表面上看存在符合多个犯罪构成的现象，但经过深入分析可以发现，本质上仍然是一罪。继续犯的犯罪构成本身就以犯罪行为的继续作为犯罪的成立条件。例如，非法拘禁罪，一般根据行为持续时间的长短作为入罪和量刑的标准，行为人一般也只有一个主观故意，将一个整体的不间断的犯罪行为分割并"分段"处理，既不符合人们的日常观念，也可能会出现分割后"每段"不够罪等结果，抑或形成对一个行为两罚的结果，这从根本上不符合刑法分则设立该罪的精神；在结果加重犯的情形中，如抢劫致人重伤，刑法分则将基本犯和加重的结果规定为一种加重的犯罪类型，并为该犯罪类型专门设立了相应的法定刑，亦即，即便从形式上而言法律未赋予其新的罪名，但法律已经将基本犯和加重结果类型化为一个具有新的特定法律意义和后果的整体行为，显然我们不能对抢劫致人重伤的行为分别以普通抢劫罪和故意伤害罪进行处罚。将此类行为分割处理，可能影响定罪，也可能影响法定刑的选择，因为这实际上已经违反罪刑法定的原则。而关于想象竞合犯和法条竞合犯，对其从不同角度进行评价确有符合数罪的可能，但如若对其两次定罪，必然存在同一行为在两次评价中均起作用的情况，违反禁止重复评价的基本原则，与罪数理论所遵循的科学原则形成冲突。所以，实质一罪的犯罪类型属于比较明显的单一案件，应当在诉讼中被一次性处理和整体评价，不可分割。

但是，在深入思考后，我们也可以发现，这四类形态的犯罪类型，虽然都被认为是实质的一罪，但在特征上和侧重点上还是不同的。继续犯和结果加重犯是关注整体行为事实不被"分段"或"切割"，强调一次性处理完毕，这与单一案件不得分割处理的观念相符合。而对于想象竞合犯和法条竞合犯的处理，更偏重于对同一行为事实不得被再次处理，以防止一事两罚和重复评价，主要是契合一事不再理的原则和要求，与单一案件不可分割处理的主旨并不完全相符。

二、法定一罪

法定一罪主要包括结合犯和惯犯。"法定一罪的本意是指本来的数罪，基于特定的理由或固有的特征而在法律上规定为一罪"[1]，一般包含数个具有相对独立性的同种行为，对其分开进

---

[1] 张淼：《罪数论的诉讼客体维度解析》，《贵州省党校学报》2020 年第 1 期。

行判断时具备两个以上犯罪构成的条件。如果不从整体的角度进行认识，法定一罪中的各个事实也可作为一个独立的客体并产生一个刑罚权。因此，法定一罪的"法律属性"比较明显，是从立法上根据同一行为之"次数""数额"或"后果"进行综合评价，从而将其作为一罪规定在刑法分则当中。这背后的实质理由是，行为人是基于一个整体的主观故意而实施多个行为，行为受一个目的所统摄，如果将其作为数罪分别处罚，则使得同一主观被多次评价，有重复评价之嫌；另外，法定一罪的规定也有诉讼经济的考量，对每个微小行为都要"一罪一罚"显然是不具有操作性的。在实体法将此系列事实法定为一罪后，诉讼法将其作为单一案件继而将有关事实作为不可分割的一次性处理的事实范围，从而进行综合评价，是实现实体法目的的必然要求，也是实现罪刑适应和同案同判的要求。处罚后果的妥当性对程序的选择应有反向制约作用。以集合犯中非法吸收公众存款罪为例，该犯罪构成本身就以"向不特定多数人分别吸收"为要件，刑法也根据吸收存款的总数额或吸收对象的总人数设计了量刑规则和最高法定刑，这实际上说明，立法上已经明确了应根据总数额或总人数进行综合评价的要求，如果对该罪分开处理和数罪并罚，必然不符合刑法的本意。

三、处断的一罪

连续犯、牵连犯为处断的一罪的主要类型。按照一罪处断，本身就包含着本来不是一罪的意思内容，即所谓"按照一罪处断的前提必然不是一罪"①，"是本来数罪的一种情形"②。处断的一罪，一般在实质上已经符合数个犯罪构成并侵害数个不同的法益，从犯罪论及一罪一罚的角度讲，该类犯罪实为数罪并应并罚，但在实体法上却一直存在对其以一罪处断的学说，其依据和基础何在呢？"处断的一罪的处理原则，是基于对犯罪构成事实之间的联系进行深入理解的基础上得出的结论。而且，这种结论性意见的确定，很大程度上来源于对犯罪人进行处罚的深层次根据和理由，而无法简单经由犯罪构成理论进行确定和分析"③。这种深层次的根据，例如牵连犯，就在于"数罪之间的特别关系（牵连关系）的存在降低了其社会危害的程度"④，行为人一般仅对其中一罪有直接故意，对另一罪并无独立的动机，它罪的实施服务于该罪或者是该罪的结果。因此，理论或实务上对牵连犯按一罪处断是有其合理性的。由于我国在理论上和实务中一直承认牵连犯，除了在实体法上明确对有关牵连犯罪进行数罪并罚的情形，在诉讼法上也将其他牵连犯作为单一案件，从而将相互牵连的两个行为在诉讼中进行一次性处理。同时，我国形成了对牵连犯"从一重"或"从一重从重"处罚等观点，在这样的处罚方案中，牵连犯中的其中一个行为，仅起到辅助量刑的作用，如果对其分开处理并实行数罪并罚，则导致有关的行为从量刑情节变为定罪情节，这必然违背了提出牵连犯概念的初衷，也加重了被告人的刑

---

① 张森：《罪数论的诉讼客体维度解析》，《贵州省党校学报》2020 年第 1 期。
② 张森：《罪数个体标准的反思》，《河南师范大学学报（哲学社会科学版）》2008 年第 3 期。
③ 张森：《罪数个体标准的反思》，《河南师范大学学报（哲学社会科学版）》2008 年第 3 期。
④ 刘宪权：《罪数形态理论正本清源》，《法学研究》2009 年第 4 期。

事责任。而对于连续犯，我国刑法第八十九条关于追诉期限的规定指出，犯罪行为有连续状态的，从犯罪行为实行终了之日起计算。从规定的意旨可以看出，应将多个有连续关系的行为视为一个整体，并以最后行为的实行终了之日作为整个行为的终了时间，而不是根据每个行为的实行完毕时间分别计算诉讼时效，这其中蕴含了将连续犯视为一罪的含义。因此，将有连续状态的多个行为在诉讼中一次性处理，实际上也是落实刑法规定的体现。

以上三大类犯罪是罪数形态理论中应按一罪处罚的犯罪类型，均系"刑罚权"标准下只有一个刑罚权的单一案件类型。通过以上分析可以看出，这些犯罪形态都具有一定的复杂性或独特性。在程序上，研究如何对这些行为进行恰当的评价、定性和处罚时，首先要从实体法的规定和精神出发，不能不顾实体法的规定或基本原则而对这些行为任意处罚，这是理论上提出对单一案件不可分割处理的重要出发点。

四、单纯一罪

除了以上犯罪形态外，不为罪数理论所研究的"单纯一罪"，也是实体法上仅有一个刑罚权并在诉讼中应一次处理的单一案件。单纯一罪，即仅充足一次犯罪构成的犯罪，在诉讼中将此行为一次性处理，是犯罪构成理论的最简单应用。例如，出于报复用拳头将一人打致多处轻伤的行为，我们不能把每个轻伤都分别定罪处罚；还如，一般的诈骗犯罪往往由虚构事实、被害人产生错误认识、被害人交付财产、被告人取得财产等多个环节组成，根据犯罪论的基本原则，数个行为实际上已经有机地结合在一起并充足了刑法规定的一个特定犯罪构成，这就满足了犯罪对不法层面的要求，在责任层面没有障碍的情况下，就应按犯罪处理。如果对上述组成诈骗犯罪的各个行为分别进行评价，则其中任何一个环节都无法被定罪，形成有罪不罚的结果。因此，将仅符合一个犯罪构成、构成单纯一罪的事实，在诉讼中一次性处理，可以说是罪刑法定原则或犯罪构成理论的最基本要求。在实体法上仅有一个刑罚权的单纯一罪，也属于诉讼法上的单一案件。

第九节　单一案件不可分的实质根据：
犯罪论与刑罚论的双重限制

单一性理论的基本问题在于明确在诉讼中应一次性处理的事实范围。这一范围如何界定，最终取决于实体法的规定，而无法单独从诉讼法中找到根据。本着罪刑法定等原则，实体法中将哪些事实规定为一罪并为之设定相应的刑罚后，作为"保障刑法的正确实施"的诉讼法，应将相应的事实作为不可分割的整体在诉讼中进行一次性处理，只有这样，刑法的目的才能恰当地实现。而实体法的罪数理论，从更为实质的角度，提出了应将哪些"不典型"事实最终按一罪处罚，从而成为判断刑罚权之个数的重要方法。罪数理论以犯罪构成理论为基础，离不开犯罪论的基本规定；但处断的一罪的有关理论和规定，"不是犯罪构成的应有之义"①，是从处罚效果的角度对犯罪构成理论进行调整，已经超越了犯罪论的范畴，从而又具有了刑罚论的有关内容。可以说，有关的犯罪论和刑罚论内容，成为单一案件不可分割的实质根据。有的学者将单一案件的判断标准或依据局限于"犯罪构成"标准，如"是否为单一公诉犯罪事实，应当依据犯罪构成理论确定"②，这种观点仅体现了犯罪论对单一案件的影响，是不全面的。对连续犯、牵连犯或者想象竞合犯等单一案件不可分割处理，已经不仅仅由犯罪构成理论所决定，从更深层次上关注处罚结果之公正性的刑罚论才是更为实质的影响因素。

另外，在司法实践中，具体判断单一案件或确定不可分割处理的案件事实范围时，要善于观察事实与事实之间的关系，不能就事论事、孤立地处断待决事实，要将待决事实置于相关的总体事实中，然后再将其与实体法的规定和精神对号入座。从这个意义来讲，生活中并没有先于具体案件事实的纯粹"单一案件"可言。例如，一般来说，一次抢劫的行为自然可被作为一个独立的诉讼客体，具有"自足性"，但当被告人三次抢劫时，三次抢劫的行为必须被当作一个单一案件作整体上的处理，不能再对其中的一次抢劫行为单独评价；或者，当被告人持有枪支抢劫时，持枪抢劫又应被作为一个不可分割的诉讼客体。如果不从整体上进行判断，那么法定一罪或者处罚一罪等类型的单一案件，都可被

---

① 张淼：《罪数个体标准的反思》，《河南师范大学学报（哲学社会科学版）》2008 年第 3 期。
② 龙宗智、杨建广：《刑事诉讼法》，高等教育出版社 2016 年版，第 77 页。

作为多个独立的案件单独处罚。所以，在理解有的学者所提出的单一案件应具有"完整性"和"自足性"的观点时，必须从"全局"入手，否则案件是否完整或自足就没有确定性可言。

对单一案件分割处理，不仅程序上不经济、不效率，且最终必然违反了实体法的有关规定，会造成罪刑不适应、同案不同判等现象。在不告不理的诉讼制度下，公诉是启动刑事诉讼程序的基础。基于此，我国台湾地区的有关法律及理论，提出了"公诉不可分"的见解，其目的在于，在刑事诉讼的启动环节，单一案件的整体事实就被一次性地记载或明示于公诉事实中，从而为审判机关对单一案件的有关事实作一次性审理奠定基础。可以说，"公诉不可分"的理论是单一性原理的诉讼效果的基础体现，是不可分效力"最为核心的精义所在"①。刑事诉讼客体理论注重从程序的角度规范应一次性处理的案件事实，它与实体法的罪刑法定原则及有关罪数理论，分别从程序和实体的角度，共同为实现案件的妥善处理以达到罪刑相适应等目的提供约束。因此，传统上所提出的单一案件原则上应被视为一个整体、在诉讼中不可分割处理的见解，以及将刑罚权作为判断单一案件的标准的结论，在理论上已经被普遍认可，这些理论成果应被确认。

综上，实体法上有关犯罪论及刑罚论的具体规定，为单一案件不可分割处理提出了更具实质性的根据。程序法上查清真相和诉讼经济的要求，也是单一案件不可分割处理的重要原因。

---

① 此表述系我国台湾学者林钰雄教授对"公诉不可分"原则的评价。

第四章 案件单一的诉讼效果

　　眼前发生的案件被确认为单一案件后，会产生一定的诉讼效果，会对具体的刑事诉讼程序产生一定的影响，否则对单一性问题的研究就成了一个纯理论话题。诉讼客体理论如何认识或解决单一案件被分割的问题？换言之，案件具有单一性究竟会对处理该案的具体的刑事诉讼程序产生什么样的影响？会对司法实务人员产生什么样的约束？这实际上是单一性理论进一步发挥其实践价值的体现，也是研究单一性理论的目的所在。这实际上就是传统理论中所说的单一案件的诉讼法效果问题。日本及我国台湾地区对此有过较多探讨和研究，分析之下，这些见解并不适合我国大陆地区。

第一节　既有学说概述及质疑的提出

一、单一案件在司法实务中的实际运行和处理情况

　　单一案件是否在实践中都取得了不被分割处理的理想效果？如前文所述，单一案件所包含的全部事实组成一个"事实单元"，内部呈现出"部分"与"部它"的关系，为达到整体上的妥当处罚等目的，诉讼理论提出了对该事实单元予以一次性整体处理的要求。然而，总是能将有关的整体事实在一次诉讼中处理完毕，只不过是刑事诉讼最理想的运行状态。期望与现实之间总是存在差距——就像虽然国家在刑法中规定了故意杀人罪，但仍然有杀人犯逃脱应有的处罚一样，在实务中，受认识能力、证据情况、证明标准或规则等因素的限制，司法实务人员无法保证对所有单一案件的全部事实都能实现"一次性处理完毕"的理想目标。这就产生了单一案件的事实未能在一次诉讼程序中被全部处理的问题。由于刑事诉讼具有不断向前推进的阶段性特征，这一问题在诉讼中具体体现为两个层次：一是检察官在公诉时仅就单一案件的"部分"事实起诉而未就"部它"事实起诉，法院能否对包含"部它"在内的全部事实一并审理和裁判；二是法院也未发现该案件的整体面貌，或者虽然发现了，但仅对已经起诉的"部分"事实而未对未起诉的"部它"事实作出裁判，在此情况下，该判决的

既判力范围能否及于"部它"事实，从而形成禁止再诉的效果。概括言之，这个问题实际上就是法院的审理范围和判决的既判力范围问题。

二、日本与我国台湾地区学界观点的比较

案件单一将产生一定的诉讼效应，过往的理论对单一案件的诉讼效果问题进行过较多研究。上文已经列举了日本及我国台湾地区的有关学说，二者对该问题的见解有着明显的区别：日本采行诉因制度，注重对被告人防御权的保障，因此对"诉审同一"采取较为严厉的态度，原则上法院仅对明示的特定诉因予以审判，法院的审判范围受到严格的限制。而我国台湾地区在立法上作出"公诉不可分"的规定后，在理论和实务上均以此为基础，发展出了审判不可分、既判力不可分、管辖不可分等理论，明显地扩大了单一案件的诉讼法效果。如检察官就单一案件的一部起诉，效力及于全部，法院有权对全部事实进行审判等，这与单一性理论中的"仅有一个刑罚权，不得重为诉讼客体"等观点相呼应。本书认为，如何界定单一案件所产生的诉讼法效果，应与一国的诉讼理念、现行法律规定相融洽，并不存在一个统一的标准答案。我国大陆未采行诉因制度，立法上也无我国台湾地区刑诉法中的"公诉不可分"条款，由此，如何合理地确定单一案件在我国大陆刑事诉讼中所具有的诉讼效果，成为需要研究的一个问题。我国大陆过往对此问题的研究，普遍借鉴移植我国台湾地区的观点，这是值得思考的一个问题。

三、对我国台湾地区传统见解质疑的提出

如上所论，我国台湾地区有较多学者对单一案件的诉讼效果问题进行过研究，有些司法实务案例也体现或呼应了这些观点。如果对我国台湾地区的主流观点作一个"一言以蔽之"的总体评价，"那就是不可分之效果"[①]。陈朴生、蔡墩铭等学者普遍持此观点并就此展开了详细论述。这几乎是我国台湾地区关于这一问题的通说。单一案件诉讼效果的传统见解所导致的最大问题，就是扩大了法院的审判范围以及判决的既判力范围，进而可能产生与不告不理原则形成冲突及有罪不罚的问题。就此问题，即便在我国台湾地区，也已经有一些著名学者提出质疑，尤其是对不加限制的扩张审判范围和既判力范围的问题提出了批评。由于我国大陆当前的客体理论普遍移植了我国台湾地区的观点，要重新认识单一案件在我国大陆的诉讼效果，一是要充分认识我国台湾地区理论自身存在的问题，二是要考虑大陆地区自身的制度规定，然后在此基础上提出适合我国大陆地区的结论。盲目照抄我国台湾地区的传统见解，可能会与我国大陆地区的司法理念、司法制度形成冲突。

四、质疑的切入点：单一案件的内部构造各不相同

在本书看来，我国台湾地区的传统见解之所以出现这样的困境，重要原因之一是其未区分单一案件的具体类型，而是"一刀切"

---

① 这是我国台湾学者林钰雄教授对单一案件诉讼效果问题的评价。

地赋予所有单一案件相同的诉讼效果。深入分析单一案件的事实构成可以发现，各种单一案件的内部构造其实相差很大。单一案件的判断标准是刑罚权，这是一种法律标准，是基于对处罚结果的考虑所作的判断，而不是基于案件自身的事实特征或行为特点。虽然同是单一案件，但案件事实的内部构造差别很大。在单纯一罪中，各个行为有机地组成一个犯罪构成，一般只产生一个后果。单纯一罪实际上是"历史进程中的一个事件"，对其只能进行整体评价。而处断的一罪，往往涉及多个行为，这些行为虽然都由被告人所实施，但实际上已经是历史进程中的多个不同"事件"。例如牵连犯，由符合两个犯罪构成的两个行为所组成，每个行为的时间、地点、手段和所侵害的法益都不同，行为之间有一定的独立性。而法定一罪，如集合犯，则可能囊括了多个相对独立的并列行为，法律出于便利性等目的，将一系列行为法定为一罪。例如，上文所举非法吸收公众存款的案例，涉及被告人在不同时间、不同地点分别吸收不同被害人的存款，数额也各不相同，各个行为都具有较强的独立性。因此，各种不同类型单一案件内部的"部分"与"部它"的关系并不相同，有的是相互衔接、有机形成一体的关系，也有的是内部事实之间呈现出一定的并列关系，有些单一案件的部分事实甚至可以单独成罪。在单一案件内部构造相差如此大的情况下，不加区别地坚持起诉一部及于其他等"不可分"的观点，将对部分事实的处理效力一律及于其他事实，这必然会造成不同的诉讼后果。认识到不同类型单一案件的内部构造存在显著差异，有利于我们进一步评价审判范围扩张和既判力范围扩张的问题，这是认识或质疑我国台湾地区传统观点的一个重要切入点。

第二节 对"审判不可分"之见解的质疑及其展开

"审判不可分"的观点，在诉讼中实际上体现为公诉效力的扩大和法院审判范围的扩张。回到前文所举的陈菊玲非法进行节育手术案，在公诉机关仅指控陈菊玲非法进行节育手术致张某某受伤的事实的情况下，法院能否未经追加起诉而直接一并审理致周某某受伤的行为？从我国的有关规定及普遍观念来看，答案恐怕是很有争议的。而且最高人民法院的有关工作人员在该指导性案例中也认可了法院"无权主动并案审理陈菊玲的同种数罪"的观点。所以，传统上关于单一案件"审判不可分"诉讼效果的看法并未被普遍认同。

如前文所论，单一案件的类型多样，有些单一案件是由众多相对独立的多个不同行为所并列组成，相互之间并没有紧密的关联性。如果不考虑起诉书的记载情况，坚持"起诉一部则效力及于全部、审判不可分"的理论，在检察官仅就牵连犯中的手段行为或仅就集合犯中的部分行为提起公诉时，法院得以就未提起公诉的其他牵连或关联事实一并审判，此所谓"显在性事实扩张至潜在性事实的现象"，这将使法院的审判范围不再局限于起诉书的记载。

一、质疑"审判不可分"的理论根据——不告不理原则

很明显，如果坚持"审判不可分"，将直接导致法院的审判范围出现较大浮动，造成诉讼不再"特定化"的问题，各种弊端便由此产生，从而在根本上与不告不理等基本的诉讼原则形成一定的紧张或冲突状态。这种冲突直接对"审判不可分"的传统见解提出了极大的挑战，更使得传统见解与现代刑事诉讼制度的基本理念有些格格不入。

众所周知，不告不理原则在现代刑事诉讼中具有基础性地位，结束了纠问制诉讼。正是这一原则，决定了我们要对"审判不可分"的传统见解作重新认识。

不告不理原则的理念基础是法官被动、中立，也即无诉则无裁判。有学者指出，司法权具有权力的属性，但与通过自身的驱动力主动完成国家任务的行政权相比，具有运作的消极性特征。司法权的本质内容是判断，具有中立性。[①]"司法权之本质在于其具有正当性、独立性、被动性及拘束性，其中尤以营造独立的审判环境及遵守程序上的被动性最为重要。从权力分立制衡的机制来看，司法机关唯严守不告不理之被动性，始能使司法权限缩于宪法所规范的界限之中，而不致有逾越之虞，否则分权制衡之机制，势必荡然无存"[②]。这些观点都指出了司法权作为一种权

---

① 参见张建伟：《刑事司法体制原理》，中国人民公安大学出版社 2002 年版，第 18—24 页。
② 转引自邓子滨：《刑事诉讼原理》，北京大学出版社 2019 年版，第 111—112 页。

力所应具有的性质。而在纠问式诉讼中，刑事诉讼程序仅有纠问者（法官）与被纠问者（被告）的两面关系，由纠问法官一手包办刑事程序，无追诉者与审判者之分，法官权力无所节制，心理上先入为主，不可能中立，更遑论公正客观，被告则是被追问的"客体"，毫无防御权可言，因此纠问式诉讼深受诟病。[①]审判权保持被动与中立是审判程序不沦为"治罪"的过场的基础。由此可见不告不理原则在现代刑事诉讼中的重要地位，它改变了过往纠问制诉讼的弊端，使审判权居于中立地位，具有保障司法公正的作用，是无罪推定基本原则得以落到实处的重要保障。而今，"对人犯的侦查、控告和审判委托给同一个国家代理人，整个审判程序弥漫着秘密和恐怖的气氛，而且缺少言词辩论，被告毫无诉讼权利，只是诉讼的客体"的纠问时代已经终结，为了实现善的目的而可以不择手段的时代也已经一去不复返。因此，不告不理的原则在现代刑事诉讼中必须被尊重。

　　不告不理原则对具体的刑事诉讼活动提出两项基本的要求：一是在形式上，无控诉法院不得开启审判，这是显性的要求；二是在内容上，审理和裁判的对象要与控诉范围一致，也就是诉审同一问题。当下，主要防止的是诉审不一这种隐性侵犯不告不理的现象。单一性理论不能无视不告不理原则对刑事诉讼的约束，而"审判不可分"的原则在一定程度上又会使法院的审判范围扩大到起诉书中未记载的其他事实，在一定程度上正好与不告不理原则的有关要求相违背。以连续犯为例，被告人某夜连续盗窃多

---

① 参见林钰雄：《刑事诉讼法》（上册 总论编），中国人民大学出版社2005年版，第42—43页。

次，公诉机关在起诉时只查明和起诉了其中之一的盗窃行为，并通过起诉书明确提示了指控数额，然而在法院审理过程中又有被害人陆续报案，法院在发现被告人还有其他盗窃行为后，能否在未经追加起诉的情况下径行将未指控的盗窃事实纳入审判范围？这显然是值得讨论的。有些学者对"审判不可分"之见解提出强烈质疑，正是基于不告不理原则。

二、"审判不可分"之弊端显现

不区分单一案件的类型，一律地采行单一案件"审判不可分"的诉讼效果，其弊端是显而易见的。

其一，这种做法使被告人无从恰当地准备防御行为，甚至会形成诉讼突袭现象。为保障被告人全面行使辩护权，刑事诉讼法规定了检察官如何记载指控事实，也规定了庭前送达起诉书等要求，目的就在于使被告人能根据起诉书的记载进行适当的准备。从原则上讲，公诉机关的指控应当明确，不能"估堆"，不能"含混"，且公诉机关对每起事实都应进行证明，而被告人也可以对每起单独的事实分别进行辩护和防御。而在"审判不可分"之下，法院可以超出起诉书所认定的"数额""后果"，并对起诉书未记载的具体事实进行审判，这使得起诉书明示犯罪、使犯罪具体化的功能减弱，法院的审理范围呈现不确定性。以前文所举黄某忠非法吸收公众存款案为例，检察机关第一次仅就"向 29 人吸收 1880041.2 元的事实"进行指控，对象和数额明确，在未追加起诉的情况下，向张某、徐某吸收 5 万元的事实应视为检察机关未起诉。因为该罪本来就是由多个不同的事实所组合而成，公诉机关对每次不同的非吸行为都应承担提示、举证责任，而且不同的人数、不同的数额代表着不同的犯罪事实、反映了不同的危害后果，法院未经检察机关追加起诉便自行审理，明显使被告人无从准备防御。

其二，"审判不可分"使法官的中立地位丧失。我国台湾地区理论普遍认可"皆属有罪始生不可分关系"的观点，即"惟检察官就犯罪事实一部起诉者，效力及于全部，并非无全限制，必须已起诉及未起诉各部分，均成立犯罪，始足当之。否则，若起诉部分不成犯罪，纵未起诉部分罪证明确，亦无起诉效力一部及于全部法则之适用"[①]。由此可知，我国台湾地区"审判不可分"以审理前法院已经认为未起诉部分构成犯罪为前提，无罪推定原则无疑已经被破坏，在实务中也会不可避免地产生法官承担"第一公诉人"角色的现象，从而使法院的中立地位丧失，不利于实现司法公正。

其三，"审判不可分"会造成更多实务上的难题。在证明标准的要求下，未经起诉的事实可能存在证据并不确实或不充分的情况，公诉机关对有关证据是否已经达到证明标准也可能存在不同的认识，因此在庭审中难免会出现公诉机关认为未起诉的事实证据不足而审判机关却认为已经构成犯罪需要加以审理的现象。而在证据裁判主义原则之下，法院对案件的审理依赖于证据。而处于消极和中立地位的法院，侦查权能和侦查手段受到限制，其

---

① 蔡墩铭：《刑事诉讼法论》，台湾五南图书出版公司1999年版，第205页。

审判活动受制于检察机关或公安机关的取证程度和态度。在"审判不可分"之下，在诉讼中对法院"未起诉事实"如何收集、出示证据，与检察官意见不同时如何处理，都缺乏操作上的指引。如果真的让法院承担起对"漏而未诉"事实的侦查、公诉职责，则法院恐怕已经充当了公诉人之角色。此举与纠问制已经无异。

另外，传统观点针对"审判不可分"指出了一个例外情形，即"皆有罪始生不可分关系"，但这种认知有因果倒置之嫌。案件是否单一、事实是否可分，是根据实体法的规定所产生的一种客观现象，因此案件是否单一或是否可分不应因诉讼的进程而有不同。但我国台湾学者提出了根据审理结果而最终确定是否有不可分关系的主张。没有审理何以知晓结果，而其理论上又要求"结果上有罪"才生不可分关系，才可以进行一并审理或裁判。就此而言，在提起公诉的"时点"竟然不能确定审理的范围，这在逻辑上确有说不通的地方。林钰雄教授及我国大陆部分学者都指出了这个问题。

"审判不可分"的弊端可谓多多，但提出此观点的学者却未就这些弊端或冲突作出深层次的说明和解释，而是直接将此观点作为一种结论。就像林钰雄教授所质疑的那样，"将此视为铁律，却视为自明之理，罕见交代其理论依据与推论过程"①，这显然是无法让人完全信服的。学者张丽卿也对此问题进行了思考并指出，将裁判上一罪在诉讼上视为单一案件，形成审判不可分的局面，把未起诉的部分当成已经起诉并审判，非但与不告不理原则

---

① 林钰雄：《刑事诉讼法》（上册 总论编），中国人民大学出版社 2005 年版，第 208 页。

形成冲突，也侵害了被告的防御权。①

综上，"审判不可分"的见解与做法已经与刑事诉讼客体理论的最初价值理念背道而驰。刑事诉讼客体理论作为不告不理的产物，其产生的动力或重要意旨，就是通过识别客体以实现"诉审同一"，进而限制审判范围。"单一性之作用，应从无诉即无裁判之控诉原则加以理解"②，这种意旨是催生客体理论的重要因素。在对单一性和同一性问题研究较早、较充分的国家，例如德国和日本，也未提出如此扩张审判范围的做法。但我国台湾学者在对客体理论进行继承和发展的过程中，提出了这种为实现一体化处理而强行扩张审判范围的做法。因此，我国大陆地区学者地区在对此问题展开研究时，应该认识到这种变化情况及这种变化可能导致的问题。

在本书看来，传统见解最重要的理据在于我国台湾地区理论上"对单一案件应一次性处理"的基础见解，以及台湾地区立法上"起诉不可分"的规定。但是，单一性理论毕竟主要是学理上的研究，并没有走进台湾的立法，以此理论来指导实务缺乏足够的根据。另外，对于"起诉不可分"条款本身应如何正确解读，也要考虑诉讼法的整体目的观，不能孤立地看待。例如，虽然我国台湾地区刑事诉讼法第二百六十七条作了"起诉不可分"的规定，但紧随其后的第二百六十八条也作了"法院不得就未经起诉之犯罪审判"的规定，即法院在通过诉讼程序解决实体问题时，

---

① 参见张丽卿：《刑事诉讼法理论与运用》，台湾五南图书出版公司 2010 年版，第 162 页。
② 林钰雄：《刑事诉讼法》（上册 总论编），中国人民大学出版社 2005 年版，第 198 页。

必须兼顾诉讼法自身的规则和目的，不能违反刑事诉讼法所明定的原则。所以在解释法院对"法定一罪""处断一罪"等单一案件的审判范围时，至少应该协调好这两条规定的关系，权衡好各种价值，不能顾此失彼，以避免过往学说存在的这一问题。

不告不理原则作为现代刑事诉讼的基石，是公认的已经为法律所明定的诉讼原则。立法者已经形诸明文规定的价值判断，司法者必须遵守。"审判不可分"是否已经使诉讼与不告而理没有本质区别，以至于已经违反了不告不理原则的最低限度？这要回到对"诉审同一"的认识及判断标准问题上来看。在以公诉事实为审判对象的国家，法院的审判范围只受"事实同一性"的限制，不受法律评价的约束，因此不告不理原则的实质内容就是何为"事实同一"的问题。对于何为事实同一、以什么样的标准判断诉与审的事实是否同一，有关的刑事诉讼客体理论已经对此有较多研究，本书将在下文一并展开论述。

总之，我国台湾学者在对单一性理论研究的过程中，发展出的绝对化的"审判不可分"的观点，与不告不理原则存在冲突，其带来的种种弊端也是显而易见的。这说明，即便在我国台湾地区，此学说也不是处于不可动摇的地位。这些弊端及质疑应成为我们重新认识单一案件的诉讼效果的考虑因素。另外，能否将我国台湾地区关于"审判不可分"的观点引入我国大陆地区并适用于全部单一案件，也要考虑我国大陆地区的具体诉讼理念、现行法律规定，不能贸然全盘吸收，否则可能有得不偿失的效果。

第三节　对"既判力不可分"之
见解的质疑及其展开

和"审判不可分"一样，既判力不可分的观点在我国面临
的问题也不容小觑。这个问题显然与判决的效力问题息息相关。
判决一经确定，便产生一定的效力，包括拘束力、确定力、执
行力等效力。确定力又包括形式确定力和实质确定力。实质确
定力又称既判力，即所谓凡经判决确定之刑事案件，不得更为
他刑事案件之客体，所以当事人不得就"同一事实"再起争讼，
一事不再理即判决确定力之结果。因此，确定确定力的范围成
为问题的关键。

一、我国台湾地区"彻底不可分"观点概述

具体到对单一案件既判力的判断上，我国台湾学者在扩张审
判范围的基础上进一步提出了扩张既判力范围的理论。例如，有
传统观点指出，实质上或裁判上一罪，在实体法中为一罪。对此
类犯罪，检方虽仅对其犯罪事实一部起诉，但其效力及于全部；
本属法院可以审判的范围，纵法院仅就其犯罪事实一部审判，未
经审判的其他部分，也为判决效力所及，仍受一事不再理原则的

限制。简言之，其判决既判力及于犯罪事实之全部。^①接着，该学者又指出，"经谕知无罪或免诉确定者，如其行为系一个，则既判力仍及于全部；如其行为各别，则与其他部分，无结合、加重、吸收等关系，即无不可分性，非既判力所及，自可就其他部分另行起诉"^②。关于既判力效力的问题，其他学者大致也持此观点。也就是说，我国台湾地区坚持了原则上不可分但例外可分的观点，即前文所述"有罪才生不可分关系"之说。据此可以看出，我国台湾学者是以"既判力所及""一事不再理"作为根据，提出了对"漏而未判"部分不得再行起诉的观点。从"审判不可分"到"既判力不可分"的这种递进式的诉讼效应，彻彻底底地坚持了"单一案件不可分"的观点，是传统理论关于单一案件的重要诉讼法效果之一，因而得到了较多学者的支持。我国大陆理论界在研究诉讼客体理论的过程中，常有引用或借鉴这种观点的情形。例如，有教材指出，确认案件单一时，判决的效力及于单一案件的整体，仅对案件的部分事实作出判决时，判决对于整个刑事案件产生一事不再理的效力，不允许再对判决中没有判断的部分事实另行起诉。^③然而，若不考虑单一案件的类型，如此"禁止再诉"的做法，有可能会导致实体严重不公正的现象，甚至导致放纵犯罪的祸患，可谓弊端丛生。

---

① 参见张丽卿：《刑事诉讼法理论与运用》，台湾五南图书出版公司 2010 年版，第 161、162 页。
② 张丽卿：《刑事诉讼法理论与运用》，台湾五南图书出版公司 2010 年版，第 161、162 页。
③ 参见龙宗智、杨建广：《刑事诉讼法》，高等教育出版社 2016 年版，第 78—79 页。

二、提出质疑的理论基础：与"一事不再理"的实质相违背

我国台湾地区通说禁止对"漏而未判"事实再诉，是以一事不再理原则为根据的。其逻辑是此种漏判事实被既判力所及，属于已决事实，从而产生一事不再理的效力。这种逻辑是否合理，要回到如何准确理解一事不再理原则的问题上来。本书认为，对"漏而未判"的事实再进行追诉与一事不再理原则所规制的重复起诉，有着明显的不同。将一事不再理原则作为禁止对未判事实再诉的理由，与该原则的原本目的并不符合。

关于一事不再理原则，有学者指出，"对于同一犯罪行为，不得重复地多次加以处罚，此即刑事实体法上的一罪一刑原则。为实践这一实体法上的原则，在刑事程序法上，乃采取一事不再理原则，认为对于同一被告的同一犯罪事实，不得重复开启另一刑事诉讼程序，以重新审判。有的国家，例如德国，甚至将这一原则，明定在其基本法之上"[1]。一事不再理，与英、美、法国的"禁止双重危险"原则有相同的价值目标，二者在内涵和主题精神上基本一致。[2]在理解和把握一事不再理原则时，也应考虑"确保所有量刑的事实都能在判决中有且只有一次得到考量"的要求。一事不再理的提出，首要目的在于限制国家刑罚权滥用，防止国

---

①林山田：《刑事法论丛》，台湾兴丰印刷厂有限公司1997年版，第101—102页。

②例如，有学者总结说，二者均表达了国家应当充分顾及刑事诉讼可能给被告人带来的尴尬、焦虑、危险、物质消耗和精神折磨，意旨在于防范对被告人的同一罪行进行重复的追诉与审判。详见谢进杰：《刑事审判对象理论》，中国政法大学出版社2011年版，第214页。

家对已经审理过的"同一犯罪事实"不加限制地重复评价，避免让同一事实、情节在两次以上的定罪或量刑活动中起作用，不当地加重被告人的实体负担。这一原则也与比例原则相关。在现代法治社会，被告人的这种权利确应受到尊重。但本书认为，从该原则的内在要求来看，该原则的价值和功能主要在于防止过度评价、重复评价，避免司法权力超出正当性的要求而不加限制地处罚被告人，但这一原则并不禁止适当的评价。过度或重复的评价，一般是指在充足评价的基础上再进行多余评价的问题。所谓"一罪一刑"，即对于"同一犯罪行为"，先要有"一刑"，在此基础上防止"二刑"。某一相对独立的具体事实或情节是否被两次以上评价，应作微观的具体的判断。针对某些单一案件，如果法院仅就"部分事实"作出判决，从全面评价犯罪的要求来看，单就该判决来说，显然首先存在评价不足的问题，也就是判决存在没有对"部它"进行评价的问题；事后，检察官就法院"漏而未判"的"部它"再行追诉，该"部它"事实尚未被审理或评价，根本未被作为定罪、量刑的依据，何以会出现对"部它"重复评价的问题？显然，这与一事不再理原则所规制的重复评价还是存在着较大差别的。

在本书看来，要把握"一事不再理"原则的准确含义，关键在于如何判断何为"一事"，也即何为"同一犯罪事实"的问题。"既判力之范围应以同一性范围为准，无同一性就无既判力"[1]，这又要回到如何解释刑事诉讼法中"犯罪事实"的概念，以及何为"一事"的问题上。实际上，这与前文所述"诉审同一"问题

---

① 张丽卿：《刑事诉讼法理论与运用》，台湾五南图书出版公司2010年版，第179页。

中如何判断"犯罪事实是否同一"是基本相同的问题。这是认识诉审同一原则及一事不再理原则的基础。

三、准确理解刑事诉讼法中"犯罪事实"的含义和功能

相同的概念在不同的法律或不同的语境下可能会有不同的含义。不告不理与一事不再理构成现代刑事诉讼的两个重要特征，解释刑事诉讼法中有关概念的应有含义时，不应脱离这些基本的诉讼原则。

我国台湾刑事诉讼法第二百六十七条及第二百六十八条分别规定，"对犯罪事实一部起诉及于它部"，"不得审判未经起诉的犯罪"。如何理解这两条规定中的"犯罪事实"或"犯罪"，关系到起诉的效力问题，与不告不理原则也至为相关。该两条规定同时存在于一部法律之中，必然各有其立法目的，因此要做体系性的解释和思考，不能顾此失彼，得出前后矛盾的解释。对此，林钰雄教授说，诉讼法中"犯罪事实"的概念有自主性，不等于实体法中的"罪数"，实体法的罪数是从刑罚权的角度提出，着眼于法律的评价；而在控诉原则之下，使法院受拘束者，是犯罪事实本身，而非法律评价。[1] 因此，实体法更关注犯罪的成立及对犯罪如何处罚，这就导致实体法中的一罪可能包含若干生活事实，实体法中将若干不同的生活事实按一罪评价或处罚是普遍存在的现象，因此不能将以法律评价为基础的"罪数"等同于诉讼

---

[1] 参见林钰雄：《刑事诉讼法》（上册 总论编），中国人民大学出版社 2005 年版，第 216 页。

法中的犯罪事实。在本书看来，当我们用诉讼这种理性的手段解决刑事责任的时候，就应遵循基本的诉讼法理，保障被告人的基本诉讼权利。在解释"对犯罪事实一部起诉及于它部"之犯罪事实时，应站在被告人的立场及通行的诉讼法理之角度。刑事诉讼所追诉的被告人多是生活中的普通公民，并不是专业的法律人，因此诉审同一原则要想真正发挥限制审判范围并保障被告人不受诉讼突袭的功能，就应回到被告人的立场，以普通人的日常生活观念来判断法院所审判之事实与起诉之事实是否相同。公诉的效力边界也应止于普通人的认知范围的边缘，不应过度扩张，否则实际上就架空了不告不理原则，使无法律知识的被告人无法有效防御。例如，如果检察院仅起诉了其持枪行为，法院就可以审理其持枪杀人的行为的话，那么被告人如何能将上述两个事实认知为"同一事实"，又如何准备防御？因此，在解释"犯罪事实"之概念时，必须兼顾"不得审判未经起诉的犯罪"之不告不理的规定，否则便是顾此失彼。不能将法律上的"一罪"解释为诉讼法中的一个犯罪事实。

而关于一事不再理原则，则与既判力范围相关，从其本质来说，在于限制国家的过分评价和处罚，防止一事两罚和重复评价，对于先前判决之既判力范围之内的事实原则上不能再诉。所以，有学者认为，诉讼法上的事实概念，根本的考虑在于相同的犯罪事实只应受到一次追诉与处罚，所以不得重复追诉相同的犯罪事实，这就是一事不再理。[1] 而实体法上的罪数概念，往往已经混

---

[1] 参见林钰雄：《刑事诉讼法》（上册 总论编），中国人民大学出版社 2005 年版，第 216 页。

杂了法律评价，与诉讼法上犯罪事实的概念并不尽相符。[①] 因此，从有利于该原则的价值功能得以准确实现的角度。对"一事不再理"进行解释时，也是着眼于"事"之本身，不能将法律评价上的"一罪"等同于"一事"，一罪之内往往含有数事，若不考虑判决所实际确认的犯罪事实，就将罪数理论中的一罪所能包含的全部事实作为禁止再诉的范围，极有可能造成有些犯罪事实最终不能被评价、不能被处罚的问题，从而产生实际上放纵犯罪的问题。"充分而不重复评价"对我们提出的要求是不左不右。传统理论对单一案件之既判力不可分的见解之所以受到质疑，根源在于将实体法中的"一罪"解释或等同为诉讼法中的"一事"，此见解既与一事不再理原则的原本意旨相冲突，显然也超出了普通人的认知，是不科学的。

如此，我国台湾地区"对犯罪事实一部起诉及于它部"的规定变得更容易解释，与德国罗科信教授对"被起诉之犯罪行为"及"起诉效力范围"的见解也能统一起来。该学者所指出，"被起诉之犯罪行为"是事实叙述，并非一特定的法律构成要件或由检察机关所认定的一犯罪事实的片段，而是在起诉时所指的整个过程。此见解与台湾之"对犯罪事实一部起诉及于它部"的规定显然是有相通之处的，这是职权主义诉讼更注重发现真相和诉讼效率的体现。例如，检察机关在起诉书中指控张三在深夜用拳头将李四打致轻伤的情况下，法院经审理查明张三不仅有拳打还有脚踢，且轻伤是脚踢造成的。在以上规定或见解之下，我们不能

---

①　参见林钰雄：《刑事诉讼法》（上册 总论编），中国人民大学出版社 2005 年版，第 216 页。

将起诉书的起诉效力限定于拳打，法院应该有权对打人之整个过程进行审理和判决。就此情况，不应要求检察机关在原先起诉的基础上追加"脚踢"的事实，法院也不能仅就拳打的事实作出判决，更不能以"脚踢"事实未指控为由作出无罪判决。

总之，如林钰雄教授所指出，刑事诉讼之犯罪事实概念，还是应回到控诉原则与一事不再理上来探讨。诉讼法上犯罪事实的概念，一来等同于法院的审判范围，二来也就是禁止再诉的范围。① 在诉讼法的语境下，犯罪事实应当解读为"一个具体的事件"，不能理解为"一个罪的范围"。只有从这种角度来理解，才符合普通人的认识，才能合理地实现控诉原则和一事不再理原则应有的功能。以这样的认识来解释我国台湾地区刑事诉讼法第二百六十七条及第二百六十八条的规定，才能有效地保障被告人的基本防御权，不使刑罚权受到不当削弱，才能实现"充分而不重复评价"的价值目标。

四、传统观点与同一性原理相违

传统观点扩张审判范围及既判力范围的问题，显然不能不考虑诉审同一及一事不再理的诉讼原则。而诉审同一、一事不再理问题，一直是客体同一性理论所关注或重点研究的问题，"确定禁止再诉之实体确定力的范围，正是犯罪事实同一性概念的重要功能"②。有学者也指出了这个问题，"在不同诉讼中，因诉讼

---

① 参见林钰雄：《刑事诉讼法》（上册 总论编），中国人民大学出版社 2005 年版，第 216 页。
② 林钰雄：《刑事诉讼法》（上册 总论编），中国人民大学出版社 2005 年版，第 468 页。

系属先后不同，该案件已否起诉，曾经判决确定否，则应视案件是否同一"①，要从诉讼程序上做动能观察，以比较彼此两案先后所起诉之犯罪事实是否同一。同一者则视为已经起诉，发生诉之拘束力，不得再行起诉。②也有学者指出，案件同一性原则的适用具有以下法律效果：一是从判决与起诉的关系来看，法院的判决仅限于检察官起诉的犯罪事实的范围；二是对于同一案件提出双重起诉的，对后一起诉应作出不受理的判决。案件同一性主要着眼于案件在诉讼前后的对比以及不同诉讼中是否同一案件的问题。③从这些理论来看，同一性理论的最主要内容即是判断"案件是否同一"，而"案件是否同一"是判断诉审是否同一或一案是否两诉，进而判断是否违反不告不理或一事不再理原则的基本标准。同一性理论与单一性理论虽然有交错复杂的关系，但其内容和侧重点还是相差很大的。鉴于此，学者们在案件同一性理论中，就"判断案件是否同一的标准"问题进行了深入研究。

对于判断标准问题，较早提出的标准有"基本的事实关系同一说""罪质同一说""构成要件共通说"等，这些被视为我国台湾地区相关领域的旧说。其中以"基本的事实关系同一说"为主流。该观点强调，判断案件是否同一以社会事实为准。后来，我国台湾学者又提出了"诉之目的及侵害性行为之内容"的标准，该观点主张应根据侵害行为的时间、地点、客体和侵害目的判断是否系同一事实。"由于刑法修正案将'牵连犯'及'连续犯'

---

① 陈朴生：《刑事诉讼法实务》，台湾海天印刷厂有限公司 1987 年版，第 91 页。
② 参见张丽卿：《刑事诉讼法理论与运用》，台湾五南图书出版公司 2010 年版，第 164 页。
③ 参见陈瑞华：《刑事诉讼的前沿问题》，中国人民大学出版社 2016 年版，第 83 页。

规定删除"，我国台湾地区有学者又借此机会提出了"新案件同一性"的判断标准，认为判断基准应为"按照自然生活观点的一个单一生活事实"①，注重从自然、生活的角度进行观察。对于以上标准，张丽卿在评判时指出，所谓的"新同一案件说"与"诉之目的及侵害性行为之内容"之标准，并无不同，基本都是从时间、地点、客体、侵害目的等维度进行判断。②我国大陆地区有学者在研究此问题时指出，我国大陆地区应采用"规范性事实同一"的标准，应通过对指控犯罪事实中所含的规范性内容，包括犯罪行为的目的、手段、对象等要素是否同一加以认定。③由于本书不以研究同一性理论为重点，因此不就此作详细论述。但通过分析以上观点可以看出，在对事实是否同一的判断或认定上，离不开对指控事实背后的社会事实的观察，要结合时间、侵害对象等因素判断相关事实是否为同一个"社会生活事实"。有学者指出，关键是紧密的事理关联性，只要行为人的整体举止，根据自然的观点，足以合成为一个相同的生活历程，或者更直白地说，成为一个故事时，便是一个诉讼法上的犯罪事实④，以此理解诉讼法的"同一事实"，至有道理。总而言之，诉审同一或一事不再理是诉讼法所提出的基本原则，在诉讼中解释"犯罪事实"的概念以及判断"犯罪事实是否同一"等问题时，就应从诉讼法的角度出发，考虑对这些基本诉讼原则的贯彻和尊重情况。根据以上标

---

① 参见张丽卿：《刑事诉讼法理论与运用》，台湾五南图书出版公司2010年版，第171页。
② 参见张丽卿：《刑事诉讼法理论与运用》，台湾五南图书出版公司2010年版，第171页。
③ 参见张小玲：《刑事诉讼客体论》，中国人民公安大学出版社2010年版，第133页。
④ 林钰雄：《刑事诉讼法》（上册 总论编），中国人民大学出版社2005年版，第217页。

准或方法，上述争议的问题，即有关法定一罪或处断一罪中的"部分"与"部它"事实是否同一的问题，结论已经很明显。如数日前买枪的行为与今日杀人的行为，或骗甲后数日再骗乙的行为，都无法被认定为是诉讼法中的同一案件，因为无同一性则无被既判力所及的基础。而传统的单一性理论所提出的"审判不可分、既判力不可分、禁止再诉"等观点，实际上已经损害了诉审同一、一事不再理原则。这种损害进一步体现为，或者侵犯了被告人的防御权；或者牺牲了实体真实，扩大了禁止再诉的范围。所以，传统单一性理论中以"不可分"为指导所形成的结论，与同为诉讼客体理论的"同一性"理论的有关内容存在内在的冲突，将案件单一一概等同于案件同一是不准确的，其产生的不良后果也是明显的。究其原因，还在于案件单一的判断标准在于法律评价，表现为处罚结果上的一罪；而案件是否同一主要是对案件事实本身的比较。

第四节　传统见解与我国大陆现行司法制度的冲突

"审判不可分""既判力不可分"等扩张单一案件的诉讼效果的做法，虽然保住了"不分割处理"的要求，但也产生了严重的不良后果。因此，这种理论观点虽然有着一定传统，但即便在我国台湾学界，也已经引起了争议，因此并不能被作为一项不可辩驳的结论。我国大陆地区现行的司法制度和长期以来所奉行的司法理念与日本、我国台湾地区有很大差异，再把传统的理论引入我国大陆并用来指导实践，将产生严重的水土不服问题，并且很难为我国大陆地区司法实务所认可。

一、"审判不可分"与我国大陆地区现行司法制度存在冲突

一方面，我国大陆地区现行刑事诉讼法中并无"公诉不可分"的规定，而这项规定恰是我国台湾相关学说最有力的支撑因素或立法根据，因此扩张审判范围在我国大陆地区并没有明显或确凿的法律依据；另一方面，这种扩张审判权的做法将与我国大陆地区现行的有关其他规定形成剧烈冲突。根据《刑诉法解释》第二百九十七条的规定，审判期间，人民法院发现新的事实，可能影响定罪量刑或需要补查补证的，可以建议人民检察院补充或追加起诉；人民检察院不同意或在七日内未回复意见的，人民法院应当就起诉指控的犯罪事实，依照有关规定作出判决、裁定。而作为呼应，《刑事诉讼规则》第四百二十五条规定，在法庭审理过程中，人民法院建议检察院补充侦查、补充起诉、追加起诉或者变更起诉的，检察院应当审查有关理由，并作出是否补充侦查、补充起诉、追加起诉或者变更起诉的决定。检察院不同意的，可以要求法院就起诉指控的犯罪事实依法作出裁判。从这两条规定来看，最高司法机关对法院的审判范围进行了相对严格的限制，这代表了现行法律或最高司法机关对不告不理原则的一种

认识，也体现了法院应对检察机关的指控范围尽量尊重的态度。法律监督机关的宪法定位，使检察机关在刑事诉讼中有更大的能动权。例如，检察机关可以对公安机关未移送起诉的犯罪嫌疑人直接决定逮捕或提起公诉，但法院无此种能动权，这是司法属性的要求。在这样的诉讼制度下，检察机关对控诉范围具有较大的自主权或决定权，"控"的范围基本上决定了"理"的范围，法院对影响定罪的"新的事实"，也只能在检察机关追加或补充起诉的基础上才能进行审判。虽然我国大陆地区对审判对象采"公诉事实说"的立场，具有职权主义的特征，但法院所享有的充分和能动的审判权能也只能建立在"事实同一"的基础上。所以，我国大陆地区的上述司法解释，其规范目的，在本书看来，就是用于限制法院对与本案有关联、更宜与本案一并审理的"不同"事实的审判。在不告不理已经成为共识的情况下，对于与本案无关联、不影响本案定罪的事实，法院自无审判的任何基础，国家并没有必要对此情形而专门作此司法解释。此处的新事实主要是指与本案有牵连、连续关系的事实，或法定一罪中的同种事实。因此，在当前制度下，我国大陆地区基本否定了法院得以对漏而未诉的关联事实直接进行审判的权力。例如，在陈菊玲非法进行节育手术一案中，办案的法院自身认为未经追加起诉自然不可径行一并审理，而最高法工作人员也认可"昆山法院无权主动并案审理"的意见；还如，根据此司法解释，在黄某忠非法吸收公众存款罪一案中，如果检察院未对另外的 5 万元追加起诉，法院自然不能主动审理，这"5 万元"的背后代表了先前所指控的事实所不能包含的犯罪事实，否则法院所判决的数额将大于指控的数额。其实，在司法实务中，在诸如集资诈骗罪、非法吸收公众存款罪等集合犯中，在检察机关仅起诉了针对部分被害人所实施的诈骗或吸收存款行为并明确了数额组成的情况下，法院不可以就未起诉的其他犯罪事实一并审理，这在我国大陆地区似乎已经成为惯例，法院超出指控数额认定犯罪的情形极为少见。本书认为，我国大陆地区限定法院对未起诉事实加以审判的做法，是保障被告人防御权的基本要求，也是我国大陆地区司法解释对实务人员所提出的要求。所以，我国台湾地区"审判不可分"的观点，与我国大陆地区的现行法律并不兼容，恐怕也难以被实务人员或主流理论所认可，理论和实务上普遍认为这是侵犯不告不理原则的。

二、"既判力不可分"与我国大陆地区司法理念与制度存在冲突

我国尊崇实事求是的诉讼理念，长期以来形成了有罪必罚和追求实体公正、轻程序的观念，裁判的可接受性主要来自实体的真实。在这样的整体背景下，我国台湾这种扩张既判力范围而大范围禁止再诉的观点，很难与我国大陆地区的观念及现行制度相适应。再以"多次抢劫"为例，由于我国大陆地区刑法已就多次抢劫之定罪、量刑作出专门规定，因此多次抢劫在我国大陆地区属于仅有一个刑罚权的事实，在理论上属于单一案件自无争议。但该法条所规制的对象专指彼此之间无关联的

多次抢劫①，法院就被告人之两次抢劫作出判决后，因又有被害人报案而发现判决前被告人还有第三起抢劫事实，三次抢劫之间并无任何"客观"上之关联，侦查、审判人员的认识能力终究有限，法院依据当时的证据作出判决也无主观错误，在前判决根本未对新发现的抢劫事实予以任何评价的情况下，何以认为司法机关对新发现的犯罪事实失去了追诉权？在集合犯等法定一罪之情形中，也存在这样的问题。例如，上文所举非法吸收公众存款的案例中，如果判决后司法机关又发现被告人还另有非法吸收"100万元"存款的行为，该事实的法定刑远远超过已经判决的事实，何以直接将其归入禁止再诉的范围？因此，在确定禁止再诉的范围时，一定要考虑认识能力的有限性等因素，也即"当法院即使已经尽心仔细地在执行其侦查审判之义务，然仍无法发现该重大不法行为时，此则已逾越了法律效力确定之界限"。若在侦、检、法对有关犯罪事实未被发现并无主观过失的情况下，便一概禁止对有些单一案件中的未诉或未判事实进行再诉，那么我们不禁要思考，对这些新发现的事实以合适的方式再行追诉，究竟剥夺了被告人什么样的诉讼权利，以至于追诉犯罪这样的重大实体价值都要让渡，毕竟这些事实根本还没有受到任何评价和处罚！这将传统见解中的"充分"评

---

① 此处的多次抢劫是专指行为上"互不相关"的多次抢劫，根据《最高人民法院关于审理抢劫、抢夺刑事案件适用法律若干问题的意见》，对于多次的认定，应综合考虑犯意的产生、犯罪行为实施的时间、地点等因素，客观分析、认定。对于行为人基于一个犯意实施犯罪的，如在同一地点同时对在场的多人实施抢劫；或基于同一犯意在同一地点实施连续抢劫犯罪的，如在同一地点连续对途经此地的多人进行抢劫的，或在一次犯罪中对一栋居民楼房中的几户居民连续实施入户抢劫的，一般应认定为一次犯罪。

价犯罪的要求置于何处？所以，仅从观念层面来讲，这种机械的禁止再诉的做法，可能难以被人们接受。而且，如果理论上将此归入禁止再诉的范围，那么法律应提出如何处理新发现的重大犯罪事实的方案。公安机关不予立案，或是检察机关不起诉？这显然都是司法过程中应直面的问题。在我国大陆地区的司法语境下，此问题可能会更加突出，例如被害人的权利如何保障、其情绪如何安抚等，这些都是很现实的问题。

另外，且不论禁止再诉的观点在我国台湾地区是否合适，但台湾地区提出这套理论，至少是建立在"法院有权审判单一案件的全部事实"这一理论的基础之上，也即在我国台湾地区，既判力不可分是以审判不可分为基础的，"盖具有事理之紧密关联性方有审理可能性，此亦为既判力扩张之基础，不容许无审理可能性却具既判力之情形"①。但是，通过以上论述我们可以看出，我国大陆的有关制度与台湾地区的有关制度大不相同，由于我国大陆地区司法解释对法院的审判范围进行严格限制②，所以台湾地区之"审判不可分"所依赖的基础条件在我国大陆地区是不存在的。而且该司法解释并未区分法院所发现的"新的事实"是否属于单一案件中的"部分"事实，而是一概否定了法院对未诉事实直接审判的权力。在这样的制度设计下，法院连"审"的权力都没有，如果再赋予未诉、未审事实以既判力，则更不合情理。另外，我国大陆地区的司法解释已经明确了对同

---

① 李知远：《刑事诉讼法释论》，台湾一品文化出版社 2009 年版，第 175 页。
② 指 2021 年《刑诉法解释》第二百九十七条的规定。

种遗漏罪行的处理方案 ①，实务中对"同种漏罪"再诉的现象不可谓不经常，而多数被遗漏的同种罪行基本属于法定一罪中的"部它"事实，这说明我国大陆地区在制度上基本坚持了对漏而未决的事实仍要进行处罚的态度。

因此，本书认为，将我国台湾地区"既判力不可分"的传统见解引入我国大陆地区的诉讼理论和司法实务，既存在观念上的障碍，也与我国大陆地区的司法制度相违背，不宜不加改造地全盘接受。

三、对我国大陆地区现行制度的评价

本书认为，我国大陆地区有关限制法院审判范围以及适当地允许追诉有关遗漏事实的做法，既符合我国大陆地区的司法理念和司法实践，也不违背基本的诉讼法理。与"不可分"观点相比，我国大陆地区的做法保障了被告人的防御权，也避免了国家的追诉权被不当剥夺。这样的制度设计有其优点，不能被作为法治不发达或客体理论不发达的表现。相比之下，我国台湾的有些传统见解却存在诸多不合法理、不合情理的因素。因此，对于审判不可分及既判力不可分的理论，应以"扬弃"的态度对待。如果不考虑我国大陆地区的具体观念和制度而贸然引进，那么只会造成理论和实务各行其道、互不兼容的现象。如果理论失去了指导实务的可能，那么研究的意义也将不复存在。

---

① 指《最高人民法院关于判决宣告后又发现被判刑的犯罪分子的同种漏罪是否实行数罪并罚的批复》。另外，2021 年《刑诉法解释》第二十四条的规定也暗含了对同种罪行可以再公诉的意见。

当然，我国大陆现行司法实务处理有些单一案件的未诉的遗漏事实的制度或做法也存在弊端。相较于我国台湾地区禁止再诉的观点，大陆的现行做法或司法解释在一定程度上似乎又走向了另一方向，即不考虑先前判决对相关事实的判决情况，而对有些遗漏事实另行重新定罪、量刑。由于后诉事实与先诉事实原本存在单一刑罚权关系，这种做法可能会对被告人的实体权利产生重大影响。这已经引起了司法实务中对理论的质疑，急需改进。

第五节　对单一案件之诉讼效果的再认识

确认单一案件的诉讼效果是理论上研究单一性理论的主要目的，如果不对单一案件对具体诉讼所产生的影响作研究，那么研究单一性理论的基础问题将成为纯粹的概念之争。由于关于单一案件诉讼效果的较多传统观点不适用于我国大陆地区，如何重新认识单一案件在我国大陆地区的诉讼效果成为值得研究的问题。

一、肯定单一案件的判断标准：单一案件的类型不变

传统的诉讼效果理论所产生的问题或弊端主要在"法定一罪"及"处断一罪"型单一案件中。这与判断单一案件的标准有关系。

以刑罚权作为判断标准，导致了单一案件的行为类型过于驳杂、内部构造相差较大。而从理论层面来说，认定单一案件也有提出其他标准的可能。例如，根据生活常理，"实际上不可分割并且交错复杂的事件"标准，与"历史进程中的一个事件"之观点相当："符合犯罪构成要件次数"的标准；以被害人的个数或侵害法益的个数为标准——这种标准不从法律后果的角度，而从行为的自然意义的角度判断案件是否单一。但总的来说，以刑罚权作为标准最具优越性，前文已有论述。改用其他的标准，一方面，这些标准都存在可操作性不强的缺点，容易造成滥用权力的现象，也容易导致违反罪刑法定原则、造成罪刑不适应；另一方面，单一案件的类型将大为缩水，牵连犯、集合犯等众多不典型犯罪形态将不被视为单一案件。如此，则单一案件的研究价值和实务影响力将越发减小，甚至会造成单一性理论没有存在价值的问题。例如，如果除却牵连犯、集合犯等犯罪形态，对于单纯一罪或实质一罪等犯罪，实际上即便没有刑事诉讼客体理论的要求或指导，司法人员仅凭一般的经验或法律常识，也能基本实现对其"一次性处理"的要求；对这类案件，实务中也极少出现违反不告不理或一事不再理等原则的情况。因此，单一性理论的主要价值就在于为实务人员在诉讼中正确处理有关"罪数不典型"犯罪提供指引或约束。修改"标准"将在很大程度上改变传统上所形成的单一案件的类型，会对单一性的基本理论造成伤筋动骨的影响。因此，在重新认识单一案件的诉讼效果时，总体上应建立在肯定现有单一案件类型的基础上。

二、进路选择：赋予单一案件不同的诉讼效果

我国台湾地区理论上关于单一案件的诉讼效果的观点，与我国大陆地区的诉讼理念并不符合，也难以为实务者或立法者所接受，其原因就在于赋予了单一案件以过于机械和刚硬的诉讼效果。从以上分析来看，"一刀切"式的诉讼效果所产生的弊端，主要在法定一罪及处断一罪等单一案件中出现。本书认为，为使单一案件的诉讼效果理论与我国大陆地区的司法语境相兼容，理论上有必要在总结传统观点的基础上，提出适应我国大陆地区需要的新认识。本书的初步意见是，在区分单一案件类型的基础上，区别看待单一案件在具体诉讼中的诉讼效果。

三、肯定"不可分"之诉讼效果在部分单一案件中的适用

本书认为，应部分肯定传统观点中的"不可分"之诉讼效果，并将此诉讼效果仅应用于单纯一罪及实质一罪。在这类单一案件中，坚持"起诉不可分"以及"审判不可分""既判力不可分"等诉讼效果，并不会产生上述的诸多弊端，也符合我国大陆职权主义的诉讼制度。

学者们提出单一案件"不可分"的观点，并非没有依据，也并非没有其存在的价值。对此，林钰雄教授也指出，就规范目的来说，一部起诉效力及于全部，本来就有其立论基础。[1] 他以开

---

[1] 参见林钰雄：《刑事诉讼法》（上册 总论编），中国人民大学出版社 2005 年版，第 208 页。

枪杀人为例说，以开一枪提起公诉，后经查明实为两枪致死，法院有权将全部开枪行为作为审判范围，而不能将两枪割裂开来进行审判或不审判。本书认为，这是职权主义诉讼以"公诉事实"为审判对象的必然结果。甚至，我们完全可以将我国台湾刑事诉讼法第二百六十七条规定视为台湾地区采行"公诉事实"说的立法根据。在公诉事实说之下，法院的审判对象并非完全局限于起诉书在形式上所作的记载本身，而是该记载所反映出的"社会历史之问题"。基于职权主义的立场，检察官的起诉能使法院产生足够的嫌疑即可；法院有发现真实的义务，可适当延伸调查的范围，有权就特定案件事实的客观真实情况加以审查及判决，不可片面、机械地理解检察官的控诉范围。但考虑到不告不理的基本原则，法院的这种有一定自主性和能动性的权能只能建立在"事实同一"的基础之上。

对于单纯一罪及实质一罪，因其所涉事实多为历史进程中的"单个事件"，结合刑事诉讼客体"同一性理论"的有关知识，即便法院适当地将审判范围扩张至该单一案件的全部，使案件事实在诉前与诉后出现一定变动，但仍是"历史进程中的同一个事件"。采"审判不可分"之做法，不会产生诉审不一从而侵犯不告不理原则的问题；法院对此特定的"社会历史之问题"作出裁判之后，应视为对该整体和自然意义上的社会问题的解决，从而产生一事不再理的效应，而不应再对"余罪"另行起诉。例如，对于继续犯、结果加重犯等单一案件，虽然其犯罪构成有独有的特征，但总的来说，这类案件中的各个行为有机结合，产生一个特定、单一的危害结果，其背后仍是一个相同的"社会历史之问题"，法院有权进行全面审查并就该整体问题进行审判，不应机械地以起诉书的记载为限。对此问题，可以结合审判对象理论中"公诉事实说"的有关理论进行理解。

所以，对于单纯一罪及实质一罪，基于"公诉事实"说的基本立场，我国大陆地区应承认或接受我国台湾地区传统观点所提出的"审判不可分、既判力不可分"等诉讼效果，使该类单一案件不可分割地在一次诉讼中解决，这既有利于发现案件的真实，也体现了诉讼效率及诉讼经济原则。

四、重新认识法定一罪及处断一罪之单一案件的诉讼效果

对于法定一罪及处断一罪，这类单一案件的内部构造较为松散，事实与事实之间并无紧密的关联性，事实与事实之间也彼此不"同一"，因此应重新认识事实与事实之间的效力互及效果。

关于公诉的效力范围，也即审判范围问题。基于我国对不告不理原则的要求，在由不同的犯罪事实并列所构成的单一案件中，如果检察官仅就单一案件的部分事实提起公诉，那么法院应严格地以起诉范围划定审判范围，坚持"就事论事"的原则，在"同一性"的范围内作全面审查，而不能将审判范围扩张至与已诉事实无紧密关系但仍属于该类单一案件组成部分的其他事实。这是能使法院保持中立地位的基础，既有利于保障被告人的防御权，

也有利于实体公正的实现。在一定程度上，这是由现代刑事诉讼的基本特征决定的。同时，法院无权对未诉事实进行审判，也为国家以适当的方式对其进行追诉保留了余地。

关于既判力问题。在确定判决的既判力范围时，一定要考虑法院对有关事实是否有权审理。在我国，由于法院无权对未起诉之其他事实加以审理和裁判，因此法院所作出的裁判的既判力仅及于该特定的已诉事实本身。在此类单一案件中，未起诉事实与起诉事实并不"同一"，无同一性则无禁止再诉的基础，因此不能绝对禁止对有些漏诉事实再行追诉，因为这并不违反一事不再理原则的要求，也是承认人的认识能力有限性的表现。

当然，这种诉讼效果理论存在与单一案件不可分割处理的基础观点相冲突的问题。对此，本书认为，能在一次诉讼中对单一案件中所有有刑法意义的事实一次处理完毕，是对刑事诉讼活动所提出的理想要求。这种要求主要是以实体法为根据、以实现实体公正为目标而提出的，这样的目标设定本身是科学的。但刑事诉讼是追求多重目的的活动，所以当通过理性的诉讼的形式来实现这种理想的要求时，仍然要兼顾整体的诉讼目的观。"目的与目的之间的冲突与权衡，其实正是刑事诉讼法学的精髓所在。解决之道，在于谋求调和而非片面牺牲"①，所以在单一案件的诉讼效果问题上，是否授予法院对全部事实进行审判的绝对权力，涉及实体和程序的冲突问题，涉及法院能否制裁检察官求刑范围

---

①林钰雄：《刑事诉讼法》（上册 总论编），中国人民大学出版社2005年版，第11页。

等问题。考虑到具体的起诉情况及具体的证据情况，当"绝对不可分"方案与基本的诉讼法理及我国的现行制度相违背时，这种处理方案就应作出一些让步或调整，这是谋求调和的具体表现，也是尊重诉讼规律的体现。法院如果可以自主地扩张审判范围，必然会使诉讼纠问化，纠问之下，实体的真实可能难以保障。这与主义无关，"即便在职权主义诉讼中，法院审理的范围也不得违反不告不理的原则，而只能在起诉范围内自由调查审查"①。关于审判范围扩张的问题，便要在这样的思维中解决。

总之，对于单一案件在我国的诉讼效果问题，本书认为，应根据单一案件的具体类型区分看待其在诉讼中的具体效果，以此回应不告不理及一事不再理等原则的内在要求。我国台湾地区传统理论中关于单一案件之诉讼效果的诸多结论不适用于我国大陆地区司法语境。如果理论上将"不可分"的传统诉讼效果理论全盘引进我国大陆地区并赋予所有单一案件以相同的诉讼效果，再将之用于指导实践，将与我国大陆地区的司法理念和现行制度形成严重冲突。

五、新问题的产生：对未诉、未判事实如何追诉

与传统见解相比，上述对单一案件诉讼效果的新认识，在一定程度上限缩了法院对部分单一案件中审判范围和既判力范围，尊重了不告不理的原则，也兼顾了充分评价犯罪的需要。由于判

---

① 龙宗智、杨建广：《刑事诉讼法》，高等教育出版社 2016 年版，第 79 页。

决的既判力不能及于有些单一案件中未起诉的其他事实，出于充分评价犯罪的需要，对未诉、未判事实如何处理的问题便产生了。显然，由于未起诉事实与已判决事实本为单一案件，也即原本为只应受一次刑罚处罚的事实，因此在对余罪再行追诉时，在方案上应考虑实体法上对单一案件所提出的不可分割处理的要求。当前，在司法实践中，司法机关对未诉、未判事实一般采取另行起诉、重新单独定罪的方案，不考虑已诉事实的判决情况，不考虑对被告人的处罚结果是否妥当，不考虑未诉事实与已诉事实的"单一刑罚权"关系，所以这种处理方式也引起了较多争议，也受到了一些质疑。尤其是我国刑法分则规定了大量的"数额犯"与"次数犯"，从刑法的精神和量刑规则来看，应根据总数额和总次数对此类犯罪作一次性评价。这类犯罪都具有"单一案件"的基本特征，若对遗漏的未诉、未判的同种事实一律重新单独定罪，就会产生严重的罪刑不适应和同"数"不同判的问题。因此，如何追诉单一案件中的遗漏事实，成为理论和实务所关注的问题。

第五章 同种遗漏罪行的诉讼法解决方案

由于追诉同种遗漏罪行可能涉及数罪并罚等问题，而我国关于数罪并罚的条款规定于刑法总则之中，所以过往实体法理论对同种遗漏罪行如何追诉的问题研究较多。而对遗漏罪行如何处罚，理论上一直有较多争议，有些追诉同种遗漏罪行的见解或方案也受到了一些质疑，因此处理同种遗漏罪行的现有理论或方案需要重新审视。但是从实际情况看，仅靠实体法的规定或研究无法有效解决这些问题。

第一节 遗漏罪行的产生原因及基本类型

出现遗漏罪行是司法实务中无论如何都不能避免的问题。遗漏罪行一般是指判决之前已经实施但判决之后才发现的罪行，如果把判决比作收网，那么遗漏罪行就相当于刑事诉讼中在判决收网时未作出评价和判决的"漏网之鱼"。

法定一罪或处断一罪等单一案件中未作出判决的事实能否再诉或如何再诉，与我国理论和实践中如何处理同种遗漏罪行密切相关。从一般经验来看，对遗漏罪行如何处理直接影响到对被告人的处罚结果，直接关系到被告人的实体责任。判断遗漏的事实与已判决的事实是否具有数罪并罚关系，是实现对遗漏罪行合理处理的关键。在判断是否具有数罪并罚关系时，应结合一个国家的具体规定和处罚惯例等多个因素。如果不具有并罚的关系，遗漏的事实与已判决的事实则具有了"单一案件"的事实特征，在处理原则上应该仍然遵行单一性原理"不可分割处理"的原则。

一、遗漏罪行的产生原因及类型

刑事诉讼中之所以会产生罪行被遗漏的问题，原因是多方面的。第一，大量的犯罪具有一定的隐蔽性，很多犯罪没有现场证人，办案人员更不可能目击犯罪的经过；而人们的认识能力毕竟是有限的，办案人员在事后通过证据重新建构事实时，又受到证据收集规则、事实认定规则、证明标准等多方面因素的限制。这些因素造成司法人员在侦查、公诉、审理裁判时，要么根本不知晓被告人另有其他罪行，要么虽然对"其他罪行"已经有所怀疑，但因证据等因素不能认定。在判决作出后，如果出现了新的证据，原先不知晓的事实就会浮出水面，或者原先因证据不足而无法认定的事实又有了新的证据证实。第二，有关办案人员故意分案，人为地将部分罪行"另案处理"，法院受不告不理原则的制约，即便已经发现了仍然存在相关联的其他事实，有时也无法对未经起诉的事实一并审判，前述陈菊玲案件就是例证。总之，出现遗漏罪行是实务中经常存在的现象，这就随之产生了对这些"漏网之鱼"能否再处理或者如何处理的问题，这是理论和实务都很关注的问题。

从罪行的性质来讲，与已经被判决的罪行相比，遗漏的罪行可分为两大类：一为异种罪行，二为同种罪行。对于原本应数罪并罚的典型异种数罪，如被告人同时犯有盗窃罪和故意伤害罪，因国家对被告人原本就存在数个刑罚权，本来的处理原则就是分别定罪、数罪并罚，因此无论对全部事实一并判决，还是由于被遗漏的原因对部分事实另行处理，对被告人而言，都是数罪并罚的结果。所以对如何处理异种漏罪，理论和实务上基本无多大争议。对于遗漏的本来不应并罚的异种和同种漏罪应如何处理，前者如牵连犯，后者如集合犯，应进行研究。相比之下，对于如何处理同种漏罪，理论和实务上都存在比较大的争议，这与如何处理同种数罪本来就存在争议有关。因此，这一问题在我国的司法语境下尤其需要研究。

二、处理遗漏罪行的现有方案及评价

1. 处理遗漏罪行的现有方案

如何处理遗漏罪行，涉及实体法中数罪并罚的有关规定，与罪数理论也密切相关。从过往对此问题的研究者来看，也以刑法学者为主。对于遗漏罪行应如何处理，过往理论上和实践中形成了以下见解或方案。

第一，对遗漏罪行另行起诉、另行判决的方案，即重新定罪该案。该方案将对漏罪的判决结果再与之前的判决结果数罪并罚或另外单独执行（前判决已经执行完毕的情况下）。有学者将该方案评价为"对后发现的余罪进行单独定罪的模式"，即把新发现的罪行视作与原判决完全无关的案件进行处理，不考虑前罪的判决情况，不考虑对被告人是否公正。这种方案是实务中的惯例，受到前述最高人民法院有关批复的深刻影响。

第二，审判监督程序方案，即先通过审判监督程序撤销原判决，对判决前、后发现的所有犯罪事实重新进行综合评价，最终只有一个有效判决。[①]这种方案所得出的最终判罚结论，与判决前对全部事实一并裁判所得出的结论基本相同，在形式上都只有一个有效的整体判决。但持此观点的学者未提出具体的操作方案。

第三，"折中说"，即根据案件中犯罪的具体性质和罪名，结合刑法分则的具体规定，以"罪刑相适应"为导向，视情况择上述两种方案之一进行处理。"折中说"一般认为，对于多个同种罪行，即便在判决前就已被发现并且一并审理，也不应一律不并罚，而是存在数罪并罚的可能。相应地，对同种遗漏罪行如何处理，应以判决前对该类同种数罪是否并罚为参考，也即"判决宣告以前的同种数罪，与判决宣告以后刑罚执行完毕以前发现的同种漏罪，本质上没有作何区别。对判决宣告以后，刑罚执行完毕以前发现的两种漏罪是否并罚，与对判决宣告以前的同种数罪

---

①周光权教授认为，刑满后发现余罪的案件，一定要通过审判监督程序处理。参见周光权：《论禁止重复评价——以刑满后发现同种余罪的处理为切入点》，《人民检察》2012 年第 9 期。

是否并罚，就必须采取相同的原则和做法"①。所以，这种方案的前提是，根据有关的规定和精神，先判断对判决前的该种同种数罪是否并罚。

2. 对现有方案的总结和评价

通过以上分析可以看出，对于漏罪的处理，从结局而言，要么采取单独定罪再与前罪并罚的方案，要么采取撤销原判刑罚再对前后发现的全部事实重新整体裁判的方案。这两种方案显然各有优缺点。

第一种方案是"一刀切"的做法，不考虑罪行的性质，只需对新发现的罪作出判决即可，简单易行，也利于操作，无须顾虑处罚的结果对被告人是否显著不利。但其弊端也很明显，对判决前客观上已经存在的多个原本不应并罚的同种数罪，仅因为发现晚等原因，就对其简单粗暴地另行审判、单独定罪。在此方案之下，在形式上将产生两个并存的有效判决；考虑到"罪质"的不同，这种处理方案可能会显著地影响被告人的实体结果。另外，由于我国对很多犯罪规定了"定性加定量"的入罪模式，因此导致无法解决判决后发现的"同种行为"达不到"定量"标准的情形。例如，根据现有的司法解释，受贿罪的入罪标准在一般情形下是3万元，如果被告人此前因受贿19万元被判决，后又被发现另有受贿2万元的事实，那么对该2万元的受贿事实则无法单独公诉；而新发现的事实直接影响到法定刑是否升格（受贿20万元以上

---

① 张明楷教授持"折中说"，认为要根据案件的具体类型选择"另行处理"方案还是"审判监督程序方案"。参见张明楷：《论同种数罪的并罚》，《法学》2011年第1期。

属于数额巨大），若按此方案则无法对后罪作出处理。在前文所举的黄某忠非法吸收公众存款的实务案例中，如果被告人向张某、徐某吸收 5 万元存款的事实是判决生效后才发现的，就面临如何处理的难题。根据当时的司法解释，该罪的立案标准为 20 万元，另行起诉、另行判决的方案显然是行不通的。但如果对其不再追诉，也会引发疑问：同样的犯罪事实，为何在判决前发现就可以追加起诉，而判决后发现就不能再追诉？

第二种方案，也即审判监督程序方案，基本上保障了同案同判、刑罚相当的要求，但操作难点在于，在对后起诉的罪行审理之前，要先行解决对原判决"再审"的问题。根据现行法律规定，现有的审判监督程序对已决案件启动再审程序有严格的要求，一般以原判决程序上或实体上"确有错误"为条件，因此当前为了妥善处理漏罪而启动审判监督程序缺乏法律和程序依据。同时，根据现行规定，对于再审的案件要另行组成合议庭重新审理，所以在对原判决启动再审程序后，在如何与新起诉的漏罪之诉衔接上，还存在很大制度上的空白。而且在司法实务中，出于诉讼效率的考虑，被前后起诉的同案犯经常由同一审判组织负责，而现有的审判监督程序又规定另行组成合议庭，这又会带来很多的实际问题。另外，审判监督程序还会导致诉讼程序的延宕等诉讼不经济、不效率的问题。总之，现有理论和现行制度均未对如何启动再审程序及如何实现前后两个诉讼的衔接和合并等提出具体、可行的操作方法，存在"说起来简单、做起来难"的问题。

第二节　对判决前已发现的同种数罪应否并罚

本书认为，对判决后所发现的同种漏罪应如何处理的问题，首先应考虑如果在判决前就已经发现了同种数罪应如何处罚。如果对判决前已经发现的同种数罪本来就应采取分别定罪、数罪并罚的模式，那么对判决后又发现的同种漏罪采取另行定罪模式将毫无争议。这也是"折中说"产生的原因，因为在"折中说"看来，对判决前的同种数罪有可能存在不同的处理方案。厘清对判决前的同种数罪应否并罚成为问题的关键。对于这一问题，理论与理论之间、理论与实务之间并未达成一致。

实际上，对判决宣告以前所犯的同种数罪应以一罪论处还是数罪并罚，直接关系到刑罚权的个数问题，还关系到能否将多个同种犯罪事实视为单一案件，而这与刑事诉讼客体之单一性问题又建立起了联系。

一、司法实践中的惯例

在我国，司法实务人员基本采行对判决宣告以前的同种数罪不并罚的方案，鲜有对判决前一并审理的多个同种罪行进行数罪并罚的情况。也就是说，对于同种数罪，尽管刑法分则对不同罪名的罪状描述及刑罚设定情况各不相同，有的以后果的严重程度入罪计刑，有的以累计的数额标准入罪计刑，但实务人员对判决宣告前的同种数罪基本采行综合判断、宣告一个法定刑的做法。例如，对于多个故意伤害或故意杀人的行为，即便是没有关联的不构成连续犯的多个伤害或杀人行为，实务中在作判决时都不会对被告人的多个行为作出多个有罪宣告，也不会分别确定宣告刑再并罚。对于普遍以数额为标准的侵财犯罪，更是自不用论。可以说，这已经是实务的通行惯例，但有学者从理论的角度对此做法提出了不同看法。

二、理论观点

理论界对于如何处理判决宣告以前已经发现的同种数罪存在部分争议。例如，有学者指出，根据一罪一刑的罪刑关系、行为责任论、量刑情节的差异性等原理与事实，对同种数罪原则上应当并罚。但原则也有例外，所以还要考虑刑法分则的具体规定。于是，部分学者形成了根据犯罪的具体罪名区别对待的观点。①

首先，基于以上考虑，有理论认为，对于我国刑法分则中众多的数额犯、数量犯及次数犯，也就是刑法分则将数额较大、巨大或多次等作为入罪和法定刑升格条件时，不应数罪并罚。本书赞同这个观点，主要理据有两点。一是要考虑刑法分则不同条文对罪状与法定刑的不同规定，要考虑罪刑相适应原则对数罪并罚制度的制约。由于刑法分则已经根据数额大小或次数规定了轻重不同的法定刑，因而总的来说，对于这种类型的同种数罪不应进

---

① 参见张明楷：《论同种数罪的并罚》，《法学》2011 年第 1 期。

行并罚，这在理论上的争议并不大，同时这也是罪刑法定原则的要求。二是要考虑到诉讼效率、诉讼经济以及罪刑相适应等因素，对于行为人反复实施的某种多个行为，例如数十次的盗窃行为或非法吸收公众存款等涉众型犯罪，在实务中不可能做到对每次行为分别定罪然后并罚。因此，一罪一刑的原理在实践中不可能被贯彻到底，刑法分则的特别规定已经构成了该原理的例外。

其次，也有学者提出了对某些种类的同种犯罪应该并罚的理论观点。例如，有学者指出，当刑法分则对某罪只规定了一个幅度的法定刑，或者虽然某罪有两个幅度的法定刑，但不能将"多个"同种类行为作为法定刑升格条件时，对该类同种数罪应数罪并罚。① 根据该观点，前文所举的非法进行节育手术罪即为此种犯罪，该罪的两种法定刑升格条件分别为"严重损害就诊人身体健康""造成就诊人死亡"，因此即便实施多个非法进行节育手术致多人轻伤或重伤的行为，也不能适用升格的法定刑。最常见的故意伤害罪也是例证。根据刑法分则的规定，该罪的法定刑升格条件为"致人重伤"，由于刑法分则未将"多次故意伤害"规定为法定刑的升格条件，致多人轻伤的行为也无法被评价为一个重伤，因此该学者认为对多次致人轻伤的行为应数罪并罚，否则将导致罪刑失衡。另外，根据该观点，对于只有一个法定刑的罪名，也应并罚。例如故意延误投递邮件罪，该罪的法定刑为二年以下有期徒刑或拘役，如果不对多个同种此类行为并罚，可能会导致无论被告人实施了多少个故意延误投递的行为最多也只能被判处

---

① 参见张明楷：《论同种数罪的并罚》，《法学》2011 年第 1 期。

二年有期徒刑，这可能会造成罪刑不适应的问题。

结合以上两种观点，对于我国刑法中的数额犯、次数犯、数量犯等，由于分则已经根据数额或数量规定了升格的法定刑，因此理论和实务基本都认可了对此类同种数额不应并罚的方案。对同种数罪应否并罚的争议，主要存在于有学者提出的上述第二类犯罪情形中。

三、本书观点：对判决前已经发现的同种数罪均采取单罚制

本书认为，考虑到我国刑法的自身特色及我国的量刑规则，原则上，对判决前已经发现的同种数罪，不论种类和性质，都应采取综合判断、按一罪论处的"单罚制"方案。理由如下：

第一，实务上普遍遵循了对判决前的同种数罪不并罚的做法，甚至已经成为惯例。如上所述，鲜有在同一个审理程序中对同种数罪分别确定宣告刑并数罪并罚的现象。

第二，理论上认为对某些同种数罪应进行并罚的理由并不充分，相反，对这些同种数罪不并罚也有着充分的理据。对于只有一个法定刑幅度的犯罪，此处仍以故意延误投递邮件罪为例，该罪属于轻罪，其法定刑为二年以下有期徒刑或拘役。一般来说，这类犯罪的危害后果一般不重，也极少发生，处罚和预防必要性一般有限，正因为此，立法者未对此罪规定更多档次的、更重的法定刑。而且，虽然只有一个法定刑幅度，但司法机关也有裁量空间。在行为人多次实施的情况下，对其适用顶格的法定刑也能

满足惩罚和预防的要求。另外，对于虽然有多个法定刑幅度但未将"多次实施"等作为法定刑升格条件的犯罪，例如故意伤害罪，也不应并罚。正是因为轻伤对人体的伤害程度一般较小，对身体的机能不会产生重大影响，所以不应将多个轻伤等同于重伤的危害性。而且，对于故意伤害这类相对高发的犯罪，立法者当然能考虑到生活中会有"多次伤害""致多人轻伤"等犯罪情形的存在，但却未将"多次实施"作为法定刑升格条件。而相比较之下，立法者在其他较多罪名（例如抢劫罪、强奸罪等）中都确立了将"多次"作为法定刑升格条件的立法例。据此可认为，立法者并不赞同将多次实施作为此种犯罪的法定刑升格条件。① 也就是说，立法者对有些犯罪规定较低的最高法定刑，及规定不同的入罪计刑标准，总是有原因和根据的。如果对上述同种数罪不断并罚，可能会变相地产生"法定刑"升格的效果，从而导致刑期突破最高法定刑的现象，可能反而违背了法条的精神和初衷。

第三，最高司法机关也认同对判决前已经发现的同种数罪应进行综合评价、一律按一罪论处的做法。如上，有关批复已经提出了对判决前的同种数罪原则上不并罚的要求。② 而《最高人民法院关于常见犯罪的量刑指导意见》也规定了量刑的具体步骤、方法，即根据基本犯罪构成事实在相应的法定刑幅度内确定量刑

---

① 理论上，有可能出现即便行为人造成多人轻伤也只能最多被判处三年有期徒刑的现象，但实际上很少有这类现象的发生。由于故意伤害致一人轻伤的量刑标准一般为一年以下，因此，即便对数个伤害行为数罪并罚，决定执行的刑期也一般不会超过三年。因此，三年有期徒刑的刑罚一般能满足对多个故意伤害的行为进行综合评价并按一罪论处的要求。

② 指《最高人民法院关于判决宣告后又发现被判刑的犯罪分子的同种漏罪是否实行数罪并罚的批复》。

起点；根据其他影响犯罪构成的犯罪数额、犯罪次数、犯罪后果等犯罪事实，在量刑起点的基础上增加刑罚量确定基准刑。[1]因此，犯罪次数一般被作为调整量刑的情节。例如，对于非法拘禁罪，该意见规定，非法拘禁多人多次的，以非法拘禁人数作为增加刑罚量的事实，以非法拘禁次数作为调节基准刑的量刑情节。而有些省级人民法院又据此提出了更具体的实施细则，如对于故意伤害罪，致一人轻伤，量刑起点为有期徒刑一年；在最重伤情的基础上确定量刑起点后，增加被害人轻伤一人或一处的，刑期增加一个月至二个月，增加被害人重伤一人或一处的，刑期增加一年至二年。[2]对财产型犯罪等数额犯，以数额调整量刑的规定更为明显。根据上述量刑指导意见，对盗窃、诈骗、敲诈勒索等犯罪，可以在量刑起点的基础上，根据数额等其他影响犯罪构成的犯罪事实增加刑罚量，确定基准刑。有些省级人民院更明确地提出了增加刑罚量的具体标准。如，对于盗窃罪，辽宁省高院的实施细则规定，"数额巨大"起点为七万元，在三年至四年有期徒刑幅度内确定量刑起点，犯罪数额每增加四千元，增加一个月刑期；"数额特别巨大"起点为四十万元，可以在十年至十二年有期徒刑幅度内确定量刑起点，犯罪数额每增加四万元，增加一个月刑期。[3]这些规定或意见，实际上基本明确了将犯罪次数作为调整量刑的

---

① 参见《最高人民法院关于常见犯罪的量刑指导意见》（法发〔2017〕3号）。

② 参见《江苏省高级人民法院〈人民法院量刑指导意见（试行）〉实施细则》，其他省级人民法院如湖北、山东等也有相似的规定。

③ 参见《辽宁省高级人民法院〈关于常见犯罪的量刑指导意见〉实施细则（一）》（辽高法〔2017〕54号）。

情节、对同种数罪不能并罚的原则。

综上，从我国刑法分则本身的立法特点及最高司法机关的有关司法解释和精神来看，我国基本确立了对判决前的同种数罪作综合评价、不进行并罚、将次数和数额作为调整量刑的情节的原则。这是罪刑法定原则的要求，也是诉讼效率的要求。实践中司法实务人员也贯彻了这种原则并形成了不并罚的惯例。这种处罚理念和原则应当被尊重。所以，超出入罪标准或法定刑升格标准的同种犯罪，应被作为量刑情节加以评价，而不宜被另外单独定罪。否则，相同的行为或相同的数额，会因评价、处罚方式的不同而产生显著不同的刑罚量。对同种数罪分别定罪进行并罚还是单罚会对被告人的实体结果产生重大的影响。

据此，基本上可以认为，在我国，对判决前的同种数罪，应当被作为仅有一个刑罚权的整体事实对待。对判决后才发现的同种漏罪应如何处理，不能不考虑处罚同种数罪的这些规定、精神和惯例做法。实务中所实行的对判决前的同种数罪一概不并罚，然而又对漏罪一律另行起诉、另行单独评价的做法，其合理性值得探讨。

第三节 不法程度的比较：
前后发现或人为分案并无不同

本书认为，要解决好对遗漏罪行的处理问题，首先要回答一个比较重要的问题：对于在判决前已经发生、已经客观存在的罪行，能否因为司法机关发现或查清时间的不同或司法机关的人为分割，而对被告人处以不同的刑罚？或者，犯罪事实的不法程度是否会因为被遗漏或分割而增加或减轻？为使上述问题明确化和具体化，本书将以受贿罪为例，提出以下理论案例。

甲在立案前分两次分别受贿 20 万元累计 40 万元，乙亦在立案前分两次分别受贿 20 万元累计 40 万元，甲乙二人在调查阶段均不是主动供述，在诉讼中均认罪且愿意退赃，其他犯罪情节均相同。假设用两种不同的诉讼程序处理该案：对于甲，其两次受贿共 40 万元的全部事实被一次查清并被一次性公诉，法院只需针对其受贿 40 万元的事实作出一个判决；对于乙，司法机关经过调查后，虽然查清了 40 万元的受贿事实，但故意分两次起诉和审理，或者司法机关受证据所限，先查清了其受贿 20 万元的犯罪事实并对其作出一次判决，在判决生效或执行完毕后，司法机关又发现被告人乙在上次判决前另有受贿 20 万元的漏罪，于是对其再次公诉和判决。显然，对乙的两种处理方式，在形式上产生了两个判决。本书将以此案例为基础，展开对有关问题的思考。

一、不法程度或社会危害性的比较

上述甲乙犯罪的不法程度或者社会危害性是否有极大的不同？对其判处的刑罚是否可以显著不同？答案显然是否定的。在判决之前，二人所实施的犯罪行为完全相同，均已经客观存在；犯罪行为发生后，其客观的社会危害性已经定格。一般认为，在阶层论的犯罪体系下，犯罪的实体是不法和责任，因此在责任因素相同的情况下，不法的程度决定了刑罚的尺度。不法程度一般是对法益侵害程度的体现，同样的不法行为应受到基本相同的处罚，是"同案同判""遵循先例"，这是平等和公正之法治原则的要求。根据我国刑法分则的规定，受贿罪以累计受贿数额作为入罪和法定刑升格的标准，数额是受贿犯罪不法程度的最主要体现。在上述案例中，甲乙二人实施了完全相同的犯罪行为，其对法益的侵害是完全相同的，对甲乙二人的报应刑应基本相当。或许有人认为，乙的责任刑应高于甲，理由是乙在第一次侦查中未主动供述其另有受贿的事实，因此应从重处罚。但这种理由是明显不成立的，原因如下。第一，即便乙未主动供述，也不能成为加重其刑罚的理由。现代刑事诉讼中，被告人享有沉默权，被告人没有自证其罪的义务，更没有主动供述侦查机关未掌握的罪行的义务，不主动供述余罪不是法定和酌定的从重处罚情节。第二，也存在乙在当时已经供述了但由于未找到行贿人而导致未一并审理的可能，而且案例中已经说明甲也不是主动供述。第三，从诉讼时效来讲，对被告人的处罚的必要性会随着时间的推移而逐渐减小甚至完全消灭。如果乙一直未供述漏罪且司法机关也一直未发现，只会导致其漏罪超过诉讼时效无法追究，而不可能因为其未主动供述而加重其刑罚。将不主动供述作为加重处罚的因素，与基本的法理相违背。因此，司法机关因各种原因对同种漏罪发现得晚，或者人为的分案处理，都不会使犯罪行为的社会危害性或不法程度增加，更不能以此理由显著加重被告人的刑事责任。正是由于这个原因，有学者提出了"判决宣告以前的同种数罪，与判决宣告以后刑罚执行完毕以前发现的同种漏罪，本质上没有作何区别"的观点。

二、处罚结果的比较

用两种不同的诉讼程序审理甲乙二人的相同犯罪行为，显然会产生显著不同的实体结果。在上述案例中，根据现行的司法解释和通常的量刑规则，对甲受贿 40 万元的事实，如一次性审理和裁判，结合认罪认罚及愿意退赃等有关情节，通常可以对其判处缓刑；对乙受贿 40 万元的事实，则要两次审理和裁判，由于该罪的法定刑升格条件为 20 万元，因此其前后两次判决都要面临有期徒刑三年以上的刑罚。在分别处理的情况下，乙因前罪被判处缓刑后，如后罪的发现和审理时间尚在缓刑考验期内，则要先撤销首次判决的缓刑部分，在保留首次判决中有期徒刑三年的基本刑的基础上，再与第二个有期徒刑三年数罪并罚，最终结果可能在有期徒刑四年左右，而且基本上剥夺了对被告人适用缓刑的机会。而如果是在缓刑考验期满后才发现，被告人则要执行两个三年有期徒刑并被两次处以罚金。另外，由于受贿犯罪的罚金刑起点为 10 万元，且罚金刑的并罚方式是直接相加，因此乙的罚金数额至少为 20 万元。但对甲的罚金数额完全可以在 20 万元以下。很明显，不同的处理方案会显著地影响被告人的刑事责任。这是极不合理的。2021 年初，一篇题为"秦光荣旧部出狱当天被捕，再审认定犯三罪被判 13 年"的新闻报道引起一定关注。通过有关的报道和判决书可以看出，杨光成系云南省交通厅原厅长，其于 2017 年已经因"收受 35.5 万元的翡翠挂件"被判处有期徒刑三年，与其他罪并罚后共被判处有期徒刑六年。2020 年 4 月其刑满出狱，"他的家人和朋友在监狱外迎接时，等来的却是一张新的逮捕通知书"。之后杨光成因为受贿、非法持有弹药再次被公诉，原因是司法机关又查清了其受贿 320 万元的犯罪事实，昆明市中级人民法院以原判决确有错误为由启动了再审程序。经审理后，法院对杨光成受贿的前后事实进行综合评价，认定其共受贿 355.5 万元，判处其有期徒刑十年并处罚金。由此可以看出，由于本案是启动了再审程序才实现了整体评价，所以杨光成前后受贿共被判处十年有期徒刑并处罚金。如果本案不是启动再审程序，而是用常见的漏罪再判模式，则杨光成仅因受贿 320 万元的事实也要被判处有期徒刑十年。并且由于前罪已经执行完毕，因此杨光成可能会因为受贿 355.5 万元的事实共执行十三年有期徒刑的刑罚。显然，如何追诉漏罪是严重影响被告人的刑事责任的。近年来屡屡曝光的"大老虎"受贿案，受贿数额远超其十余倍，情节更恶劣，刑期也不过十三四年。① 如果司法机关在处理这些案件过程中有意或无意地遗漏其中任何一笔 300 万元以上的受贿事实，再将漏罪按另行定罪的方法，则被告人将要再次面临有期徒刑 10 年以上的刑罚，而将该"300 万元"作为调整量刑的情节与其他受贿数额进行总体评价时，几乎不影响量刑。例如，根据辽宁省高级人民法院的量刑细则，对于盗窃罪，在犯罪数额已经超过特别巨大的标准后，每增加四万元才增加一个月刑期。按此

---

① 例如，从公开报道来看，严春风"严书记"受贿 570 余万元，刑期 10 年；张化为受贿 3284.93 万元，刑期 12 年；王三运受贿 6685 万元，刑期 12 年；钱引安受贿 6313 万元，刑期 14 年；鲁炜受贿 3200 余万元，刑期 14 年；冯新柱受贿 7047 万元，刑期 15 年。

规则，增加八万元才增加两个月刑期。但如果对该八万元另行起诉，则对应的刑期已经为三年以上有期徒刑。可见，对于同样的事实，一并处理或分割处理的差别是如此之大！对漏罪的处理问题如不形成统一的规范，会导致严重的"同数不同判"问题。这种现象显然是不合理的。

需要说明的是，实践中也有可能存在因对同种数罪进行分割处理而不当减轻了被告人刑事责任的情形。例如，个别案件中遗漏掉一笔事实可能就会导致无法适用升格法定刑的问题。

因此，基本上可以认为，犯罪事实被遗漏或人为拆分并不会导致罪行本身发生质的变化，也不会使该罪的社会危害性增加，所以其对应的刑罚量也不应因为程序的不同而有重大的差异。仅以程序上的分开处理而不当地加重或减轻被告人的刑事责任，缺乏实质的合理性。尤其不能因为司法机关的人为分案，而使被告人承受更为不利的后果。

第四节　同种遗漏罪行的处理与单一性理论

一、同种罪行与单一案件具有内在一致性

如上，在理论和实务上，对如何处理被遗漏的同种罪行存在争议。究其原因，同种罪行如果不被遗漏，其与已判决的同种事实可能原本无须并罚，也就是说，相关整体事实原本可以被一个

刑罚权所评价。因此，处理遗漏罪行时必须考虑遗漏罪行与已决罪行在实体法上的关系。而结合客体单一性的有关理论来看，"在实体法上为一个刑罚权，在诉讼法上为一个诉讼客体，具有不可分之性质，方克相当"①，单一案件的判断标准即为刑罚权，在实体法上仅有一个刑罚权的相关事实组成一个单一案件。经过比较可知，同种罪行的处理与单一性理论具有很大的相关性：二者都属于在实体法上仅有一个刑罚权的事实。同时，根据单一性理论，集合犯等法定一罪，属于由多个相同性质的行为组成的单一案件，对此类案件，我国基本上实行"唯数额论"的定罪与处罚思路。因此，传统理论中所说的此类单一案件中被分割出来的"未诉事实"实际上就是刑法理论中所说的同种遗漏罪行。另外，尤其需要说明的是，对于我国刑法分则中的盗窃罪、诈骗罪、贪污罪等众多财产型犯罪，由于刑法确立了以"累积"的数额作为定罪与量刑标准的原则，所以虽然此类犯罪与典型的集合犯或连续犯有所不同，但从定罪处罚方式来看，其与集合犯、连续犯已经没有多大的不同，都有"唯数额论"的特征。因此，张明楷教授认为，当分则条文将"多次"或"累积数额"作为法定刑升格条件时，即使多次实施的相同行为均独立构成犯罪，也不需要认定数罪，并将此类犯罪作为与集合犯相并列的"包括的一罪"的一种。② 总的来说，这类"数额犯"，由于同种遗漏事实与已决事实之间形成了相互影响定罪和量刑的关系，各个事实之间的这种

---

① 陈朴生：《刑事诉讼法实务》，台湾海天印刷厂有限公司1987年版，第87页。
② 参见张明楷：《刑法学》，法律出版社2016年版，第479页。

关系与前文所述的法定一罪中各事实之间的关系基本相同，因此也具有了单一案件的特征。所以，根据我国实体法的具体特点和约定俗成的处罚理念，基本可将我国的同种数罪归类为一种与法定一罪相同的特殊的"单一案件"。

二、单罚与并罚结果不同的实质原因

并罚之所以会形成与单罚不同的结果，原因就在于违背了单一案件"不可分割处理"的要求。根据单一案件的基本理论，对实体法上仅有一个刑罚权的行为不宜分割处理，如以上所论，单一案件不可分割处理的实质根据植根于犯罪论与刑罚论的有关理论和规定。在单一案件内部，尤其是在法定一罪中，"部分"与"部它"事实一般互为定罪和量刑情节，是具有一个法定刑的事实单元。当犯罪数额或数量达到"较大"或"巨大"等入罪或法定刑升格条件所要求的数量时，其他超出该标准的剩余数量一般被作为量刑情节。但如果对其分割处理，那么本该被作为辅助量刑的情节又被重新作为定罪情节。由于相同数量的犯罪事实在不同的量刑区间所产生的刑罚量相差较大，例如在上述特别重大的受贿犯罪中，当被告人的受贿数额已经超过"特别巨大"的标准时，超出 300 万元的其他部分一般被作为调整量刑的情节。从量刑规则来看，由于适用无期徒刑的条件比较严格，因此一般情况下超出 300 万元的其他部分对量刑的实际影响甚微。而如果司法机关哪怕对其中的 20 万元另行处理，由于 20 万元已经达到数额巨大的标准，那么也将会给被告人增加三年有期徒刑的刑罚量。由此可以看出，对同种犯罪事实分割处理、分别定罪一般会造成处罚结果显著重于一次评价的问题。另外，对于故意毁坏财物罪，掩饰、隐瞒犯罪所得罪等数额犯，由于这类犯罪区别于以非法占有为目的的盗窃罪、抢劫罪等犯罪，其主观恶性和预防必要性相对不大，因此立法者对此类犯罪所设定的法定最高刑相对较低，例如故意毁坏财物罪的法定最高刑为七年有期徒刑。对于这类犯罪，现实生活中很有可能存在故意毁坏他人财物数额特别巨大的情形，但立法者为什么把最高法定刑设定为七年？有观点认为，这一量刑背后的原因在于故意毁坏财物罪的预防必要性不大，因为该罪与其他非法占有型犯罪相比，属于典型的"损人不利己"，所以相对少发。因此，即便被告人的犯罪数额特别巨大，如对其一次性的整体裁判，根据罪刑法定原则，无论如何增加刑罚量都不得突破法定最高刑；但如果将该类犯罪拆分并分别起诉、数罪并罚，有可能会产生突破法定最高刑的现象，这显然是不符合立法精神的[①]。

另外，在个别情况下，在刑法将"多次"作为法定刑升格条件时，对其分割处理、单独定罪则会产生处罚结果显著轻于综合评价的问题。例如，对于三次抢劫的行为，其法定刑为"十年以上有期徒刑、无期徒刑或者死刑，并处罚金或没收财产"，有适

---

① 例如，骗取贷款罪的法定最高刑为有期徒刑七年，这一般意味着，无论被告人在判决之前骗取多大数额的贷款，其法定最高刑均不得超过七年有期徒刑，且司法实践中一般不会对被告人进行顶格判处。如根据（2020）鲁13刑终307号终审裁定，被告人胡某先后9次从中国银行日照海曲支行、兴业银行日照分行、日照银行、临商银行日照分行等骗取银行贷款共计25164万元，数额特别巨大，法院最终判处其有期徒刑四年六个月并处罚金100万元。如果将该案分割为数个案件并对被告人数罪并罚，其刑期可能会超过最高法定刑。

用无期徒刑的可能；而如果对其分别定罪、分割处理，则完全剥夺了对其适用无期徒刑、死刑及没收财产的余地。正是由于对同种罪行分别处理可能会产生不当增加或减轻刑罚的问题，所以《刑诉法解释》（法释〔2021〕1号）第二十四条、第二十五条规定，人民法院发现被告人还有其他犯罪被起诉的，可以并案审理；涉及同种犯罪的，一般应当并案审理。这都说明，对很多类型的同种数罪分割处罚，不仅会造成同案不同判、罪责刑不相适应的问题，甚至会违反实体法上的罪刑法定原则。尤其当分割处理对被告人产生严重的不利后果时，应予以禁止，以避免司法机关以分案处理的方法故意折腾被告人。

第五节　处理同种遗漏罪行的诉讼法方案

刑事诉讼客体理论处于实体法和程序法的衔接地带，既会对诉讼的程序产生影响，也影响着案件的实体结果，与遗漏罪行如何处理也有着密切的关系。

对有意或无意分割出来的单一案件事实如何处理，传统理论从单一案件的诉讼效果的角度提出了处理方案。例如，我国台湾地区的传统理论提出了"既判力不可分"的观点，认为单一案件中的漏判事实被已决事实的既判力所及，不得另行起诉。但如前文所论，传统的这种既判力不可分的观点自身存在弊端，也不适合我国大陆地区的实际和理念。对此，在充分考虑我国大陆地区的司法理念及现行制度的基础上，本书提出了可以对部分单一案件中的遗漏事实以适当方式再追诉的观点，这也是实务中的一贯做法。因此，在我国大陆地区，以适当的方式对遗漏事实再追诉并不存在制度和观念上的障碍，问题的关键在于如何追诉。

一、"不可分割"原则在遗漏罪行处理中的应用思考

本书认为，在我国大陆地区，由于遗漏的同种事实与已经判决的事实原本只应受到一个刑罚权评价，因此应将之视为一类特殊的单一案件。在具体的诉讼实践中，单一案件中的整体事实被有意或无意分割的问题不可避免，但在对同种遗漏罪行再处理的过程中，也应考虑对单一案件不可分割处理的原则性要求。一方面，对于判决前已经发生的数个同种罪行，如果控诉机关在提起控诉时只对部分事实提起公诉，受不告不理、控审分离原则的限制，法院应坚守司法被动、消极之属性，不应以"审判不可分"原则为由对未起诉的同种事实一并审理，避免诉讼纠问化，及甚至可能出现的法院对控诉机关认为达不到证明标准而未起诉之事实进行审理的现象。如果检察官就未诉事实不再起诉，在这一情形下，法官自然也无权力对未诉事实加以审理或制裁，这是控审分离制度的必然要求①。因此，不告不理原则有时会对单一案件

---

① 有的国家采行了强制追加起诉制度，但在一定程度上也有违控审分离及无罪推定原则。我国未实行强制追加起诉的制度。

不可分割处理的原则带来一定的障碍。另一方面，当检察官对同种余罪再次启动追诉并提起公诉后，由于此时前后事实都已经属于已诉事实，即先前不告不理原则带来的障碍已经消失，在这样的情况下，法院应本着正确适用法律及实现罪责刑相适应的目的，基于"单一案件"不可分割处理的原则，通过恰当的诉讼程序，对前后的总体起诉事实作综合判断，最终以一个刑罚权对其作出评价，以体现单一案件的基本诉讼效果。对于单一性理论所提出的仅有一个刑罚权的事实不可分割处理的要求，是立足于充分评价且不重复评价的处罚原则、罪责刑相适应原则及同案同判的法治原则而得出，其最终目的在于实现对被告人定罪、量刑的最合理化。这种公正和合理性的要求，在诉讼中应尽量被实现。以此为指导，在处理遗漏的同种罪行的过程中，应摒弃传统的为追求诉讼效率和诉讼便利而对同种余罪一律重新单独定罪的方案，要通过完善诉讼程序和设定新的制度规范，以实现对前后同种罪行的综合评价。在司法实践中，不能仅仅因为运作程序的不同或对诉讼效率的追求而显著地加重或减轻被告人的刑事责任。

二、现有的审判监督程序无法适用于漏罪的处理

从刑事诉讼客体理论的角度所提出的这种对判决前后所发现的同种数罪进行重新综合评价的方案，必然涉及对先前判决效力的否定问题。但该程序与传统的审判监督程序显然有别，如前所述，现行的审判监督程序并不适用于对遗漏罪行的处理。

一般来说，审判监督程序的启动，涉及判决的既判力问题，

一旦启动该程序，就要对案件的事实进行全面的重新审理，并另行组成合议庭重走一遍诉讼程序。因此，现行法律对启动审判监督程序的法定事由和程序提出了较为严格的要求。从启动的理由来看，一般限于原判决确有错误，包括实体错误和程序违法等事由；从程序的启动来说，一般有检察院提出抗诉、上级法院指令再审、经本院院长批准后自行再审等方式。这种制度设计体现了对启动再审程序的严格限制和要求，非经法定程序和事由不得随意启动再审程序。再审往往具有"错案"宣告的效果，有损司法的权威，因此司法实务中往往将"再审案件数"作为非常重要的负向业绩考评指标。

在对遗漏罪行如何处理的问题上，虽然也有学者提出了"审判监督程序"的方案，但很明显，现行的有关审判监督程序的规定根本不适用于遗漏罪行的处理。一方面，遗漏罪行所涉及的原判决本身并无客观性错误，法院的判决是基于当时的起诉事实和证据而作出，法官也无主观上的错误，因此这种判决并不符合现行的启动审判监督程序的"确有错误"的法定情形。另一方面，在现有规定下，启动审判监督程序的目的在于对原起诉事实重新审判以作出新的结论，而遗漏罪行的处理程序则是涉及对前后事实作出整体裁判的问题，先前判决认定的事实本身并无问题。另外，根据现有的规定，再审案件应另行组成合议庭。合议庭撤销原判后应作出何种判决？应如何实现与后诉的遗漏罪行的合并？是先撤销原判决，还是先审理新事实？撤销判决之后新事实无法定罪应如何处理？现有的诉讼程序都没有对这些问题予以明确。

因此，总体而言，现有的审判监督程序很难适用于对遗漏罪行的处理程序中。

三、"撤销刑罚"之制度设想：借鉴撤销缓刑制度

根据刑法的规定，在缓刑考虑期内犯新罪或发现漏罪的，应撤销原先判决的缓刑部分，维持原判决认定的事实及基本刑。可见撤销缓刑制度是由后判决仅撤销前判决的刑罚执行方式并保留基本刑的特殊程序。由于该程序所涉及的原判决本身并无错误，立法者对此设计了较为便捷和灵活的操作方案，无须专门的启动程序和审理程序。当审理后罪的法官在确认后罪发现或发生于缓刑考验期时，可以在判决中径直对原判决所确定的刑罚执行方式予以撤销，继而再将前判决的基本刑与后罪所判处的刑罚进行数罪并罚。本书认为，对于遗漏罪行的处理，可借鉴这种便捷和有效的撤销原判决中刑罚执行方式的制度。

如上所论，遗漏罪行的处理也在一定程度上涉及原判决的既判力。但妥当处理遗漏罪行的方案是将原判决书已经认定的事实与后诉事实进行综合评价，以实现总体上定罪与量刑的合理性。此程序所涉及的先前判决本身也无错误，尤其判决书对证据的判断及事实的认定并无错误，因此遗漏罪行处理机制所涉及的撤销原判问题不具有"错案宣告"的效力，这与缓刑撤销制度所涉及的原判决具有相同的特征。鉴于此，在处理遗漏罪行的过程中，不需要将原判决所认定的事实和适用的法律全盘撤销，也不需要采取严苛、复杂的专门启动程序和再审程序。对此，本书认为，

可将缓刑撤销程序中的有关方法借鉴到遗漏罪行的处理程序中。具体来说，在涉及同种遗漏罪行的审判活动中，当法官确认公诉机关所指控的后诉罪行成立，且发现该后诉罪行是先前判决的同种遗漏罪行时，同一法官或审判组织可以在之后的审理和裁判中，仍确认和保留先前判决所认定的事实，但判决宣告撤销先前判决所适用的刑罚，并根据刑法分则及有关司法解释的量刑规则，重新将前、后控诉的同种数罪作出综合评价，最终实现用一个刑罚权评价整体事实的目标。同时，判决也要对已经执行的刑罚进行折抵。由此，在实体法上仅有一个刑罚权的事实在诉讼中不得被"分割处理"的要求得以贯彻。这种制度设计省去了如何启动"再审"程序、如何实现"再审"程序与后续诉讼的合并等难题，实用性较强，能满足诉讼实践的实际需要。另外，这种制度设计由于没有再审程序的启动，也不存在因为"错案"而影响业绩考评的问题，有利于消除司法人员的内心顾虑。

另外，处理同种遗漏罪行的这种方案也可被用于处理按一罪处断的牵连犯等异种数罪。对于不并罚的牵连犯，理论上形成了从一重或从一重从重等处罚原则。根据此原则，在具有牵连关系的两个犯罪行为中，在司法者择定了其中的重罪后，具有牵连关系的另一轻罪一般只能被作为辅助的量刑情节。例如对于入户盗窃的行为，在对入户行为以非法侵入住宅罪作出判决之后又查明实际还有盗窃行为，也即在先处罚了手段行为后又发现了目的行为的情况下，此时应如何处理后发现的行为？由于我国在实务中普遍认可对牵连犯按一罪处罚的原则，并且该原则也有其实质的合理性，所以当有关判决因各种原因遗漏了具有牵连关系的犯罪事实时，如果对其另行起诉、另行判决，则实际上会产生对牵连犯数罪并罚的问题，这种处罚方式显然会产生不利于被告人的后果。而对后发现的达到立案追诉标准的牵连行为直接撤销案件或不起诉，也无依据。借鉴上述方案，在此情形下，也可采取撤销原判决所确定的刑罚的方式，由法官重新择一重罪再作综合评价。这样既实现了对牵连犯的准确定罪、量刑，也实现了对牵连行为的"有罪宣告"；既体现了"充分而不重复评价"的原则，也最终也体现了"单一案件"不可分割处理的要求。

四、可行性思考

对遗漏罪行与已决罪行重新综合评价的程序方案，相较于原先对漏罪重新单独评价的方案，会带来撤销、重新综合评价及折抵先前刑期等有关工作，在一定程度上存在不经济和不效率的问题。或许有人会以此为理由对方案的可行性提出质疑，但本书认为，从诉讼经验和一般常识来看，此种方案并不会显著地增加工作量，并且由于该方案不存在对先前判决已经确认的事实再审的问题，所以单就这一点而言，此方案就优于现行的审判监督程序。该制度方案所要做的主要工作就是量刑问题：通过时间在后的这个审理程序，在查清后诉事实的基础上，将前、后两个判决所查明的事实相加，根据总数额或总次数进行重新量刑及进行刑罚折抵。另外，随着侦查手段和侦查能力的日渐完善和提高，"漏罪"现象在司法实务中并不常见，实务中涉及同种遗漏罪行的案件并不多见。近年来，网络犯罪多发，重大的涉众型犯罪增多，可能会存在这方面的问题，但由于我国基本奉行"有罪必罚"的理念，司法机关对新发现的已经构成犯罪的同种事实不作处理并无根据，如果不确立"综合评价"的导向，可能会导致对被告人反复数罪并罚、一案存在多个判决的问题，这显然也是我们应加以防范的。因此对于涉众型犯罪，可以考虑设立专门的诉讼程序，在诉讼效率和实体公正之间寻求恰当的平衡。

总体而言，随着社会的不断发展和法治的不断进步，国民对司法公正的需求日益增长，被告人的人身自由等基本宪法权利也应得到更多的尊重和关注。在这样的形势和背景下，司法人员应进一步树立被告人的实体利益优先于诉讼效率的理念，不断设计和完善对遗漏罪行综合评价的方案，尤其应避免以牺牲被告人的实体利益为代价来换取诉讼经济和诉讼效率的问题。

第六节　本章小结

在我国，同种罪行的处理与刑事诉讼客体单一性理论有高度的相关性。有些同种事实本身即是单一案件中的部分事实。由于我国一般不将同种数罪评价为数罪并对其数罪并罚，因此同种数罪在我国可以被视为在实体法上仅有一个刑罚权的事实。根据单一性理论的基本内容，"在实体法上系单一刑罚权者，在诉讼法上即为一案件，亦即为一个诉讼客体，两者不可分割"①，对单一刑罚权的事实一般不宜分割处理。从我国的量刑规则及诉讼经验来看，对原本仅有一个刑罚权的同种事实分割处理，可能会严重地影响被告人的实体权利并导致"同数不同判"的问题。处理程序的不同并不构成严重加重或减轻被告人实体责任的实质理由。另外，对遗漏罪行的处理涉及对诸如实体公正、既判力、诉讼经济和效率等价值目标的权衡问题。为此，在处理漏罪的问题上，应确立基本的价值取向。

被告人在刑事诉讼中的实体责任一般关系到被告人的人身自由权和财产权等基本权利，这是宪法赋予每一个公民的基本权利。现代社会的基本价值观决定了我们应尽量尊重和保障公民的这些基本权利，不得无故加以减损。因此，在处理遗漏罪行时，应尽量选择有利于保障其权利的方案，此时对"单一"案件事实不分割处理就成为较优的选项。在权衡和比较之下，撤销刑罚、综合评价的方案设计，在操作上较为便利，改变了原先不计后果地对遗漏罪行一律重新单独定罪的传统做法，有利于实体公正的实现。另外，这样的处理方案能从根本上消解司法机关故意"人为分案"的内心动力，有利于"防止个别司法机关、司法人员利用程序漏洞反复'折腾'一个人，使得其承受过重的刑罚"②。这种顾虑

---

① 陈健民：《刑事诉讼法要论》，中国人民公安大学出版社2009年版，第92—93页。
② 周光权：《论禁止重复评价——以刑满后发现同种余罪的处理为切入点》，《人民检察》2012年第9期。此观点是该学者针对刑满后发现同种余罪另行处理的问题而提出的。该学者在文章中指出，原判决执行完毕后又发现新的同种罪行时，"一定要通过审判监督程序来处理，防止让被告人承担过于不利的量刑后果"。

并非多余，本书所举的陈菊玲非法进行节育手术一案便是例证，因此只有确立了规则，才能从根本上杜绝司法权的恣意行使。

总　结

　　刑事诉讼客体是刑事诉讼主体进行刑事诉讼活动所整体指向的对象，从法院的角度来讲，就是审判的对象。客体作为刑事审判活动的标的物，在诉讼中不可或缺，一般来说，不存在没有诉讼客体的刑事诉讼活动，客体的重要性可想而知。

　　现代意义上的不告不理、控审分离原则的确立，使得对刑事诉讼客体理论的研究变得有意义。在不告不理的现代刑事诉讼中，法院审判的对象经由控诉机关提起控告而产生，在此后的诉讼中法院便不得"自行发展"，作为法院审判对象的诉讼客体不得超出控诉的范围。由此，在同一诉讼中对审判的对象与控诉的对象进行比较以确认诉审是否同一的理论逐渐产生，这就是起诉的效力范围问题。"凡经判决确定之刑事案件，不得更为他刑事案件之客体"，随着一事不再理原则得到普遍认可，又产生了对不同诉讼中的诉讼客体进行比较的问题。因此，客体是否同一，成为刑事诉讼客体理论的最重要内容。

　　刑事诉讼客体理论的重要作用主要体现在对起诉效力范围和既判力范围的判断上。围绕上述问题，日本、我国台湾地区对刑事诉讼客体理论进行了比较充分的研究和讨论，一段时期以来颇有"百花争鸣"的氛围，刑事诉讼客体之单一性原理和同一性原理便由此产生。然而，相比之下，刑事诉讼客体的问题并没有得到我国大陆地区立法者和司法者的关注，这一理论也未得到我国大陆地区理论界的重视。

日本和我国台湾地区在这一研究领域所取得的理论成果有力地促进和带动了我国大陆学界对该理论的研究，并且其中的一些基本观点也得到了大陆学界的普遍认可。但通过对日本和我国台湾地区有关理论的比较，我们可以清楚地看到，刑事诉讼客体理论的一些重要问题在不同的国家和地区存在重大的差别。例如，关于起诉的效力问题，由于战后的日本受英、美、法国的影响，强化了对被告人防御权的保障，因此采取了对审判范围进行严格限制的理念，由此形成了以诉因作为审判对象的制度。而我国台湾地区更加注重对真相的发现，所以赋予法官更多的职权，在立法上规定公诉不可分原则，扩大公诉的效力范围，使审判范围和法律适用不受起诉书的严格限制，形成了以"公诉事实"为审判对象的制度。所以，刑事诉讼客体理论的具体内容与一个国家、地区的诉讼理念和具体诉讼制度及实体法的规定息息相关。

我国大陆学界在研究刑事诉讼客体理论的过程中，在一定程度上存在盲目借鉴、移植我国台湾地区的传统主流观点的问题。由此形成的有些结论与我国大陆地区的具体司法制度和诉讼理念存在冲突。例如，关于单一案件的诉讼效果，我国台湾学界以公诉不可分的立法规定为基础，提出了"审判不可分"和"既判力不可分"的观点，扩张了法院的审判范围和既判力的范围。但单一案件的种类繁多,内部构造相差较大,在我国大陆地区,不加区别地赋予所有的单一案件以相同的诉讼效果,将会导致极其明显的弊端。如,对于法定一罪类的单一案件,采行"审判不可分"的观点,实际上会使法院有权对未经起诉的犯罪加以审判,有实际上架空诉审同一原则的危险,而且也与我国大陆地区现行的有些司法解释相冲突;而"既判力不可分"的观点,则让大量未经评价的犯罪事实落入禁止再诉的范围,与我国大陆地区的诉讼理念严重不相符,也与我国大陆地区司法实务对有些单一案件的"漏诉、漏判"事实普遍再追诉的制度和惯例相矛盾。另外,由于"既判力不可分"是以"审判不可分"为基础的,但我国大陆地区并不认可作为基础的"审判不可分"之观点,因此再接受、认同"既判力不可分"的理论就会显得更加荒谬。而且,我国大陆地区刑法分则有自己的特色,也有自身的处罚理念和原则。当把"不可分"的绝对观点置于某些鲜活的具体案件中来分析的时候,其诉讼弊端或不良后果就会显现出来。总之,刑事诉讼客体理论处于程序法与实体法的衔接地带,直接影响到被告人的刑事责任,因此研究刑事诉讼客体理论一定要结合我国大陆地区的具体司法语境和有关的实践需要。所以,本书不赞同我国台湾理论中关于单一案件"绝对不可分"的观点。

根据我国大陆地区的具体制度和司法理念,考虑到单一案件种类的多样性,本书尝试着提出了赋予不同的单一案件以不同的诉讼效果的观点,这种观点兼顾了不告不理原则和充分评价犯罪的需要。由于本书不主张对所有的单一案件都采行"既判力不可分"的观点,所以对有些漏罪如何处理的问题便自然而然地产生了。这在我国大陆地区主要表现为对遗漏的同种罪行如何处理。我国大陆地区基本上实行了对同种漏罪原则上不并罚的制度和做法。由于对漏罪的不同的处理方法会对被告人的判罚结果产生巨大影响，直接关系到被告人的人身自由权或财产权等基本宪法权利，因此对这些单一案件的漏罪如何处理，一方面要考虑先前判决的既判力；另一方面也要考虑到这些漏罪的特殊之处，即其与已经判决的有些事实存在单一案件关系，也即原本属于实体法上仅有一个刑罚权的事实。因此，在处理单一案件中的遗漏事实时，仍要考虑"单一案件不可分"的基础理论，本书提出了通过后判决撤销前判决的刑罚后果并由后判决再将前后整体事实重新综合评价的方案。这种重新综合评价的方案与有些学者所提出的"审判监督程序"方案有着相同的效果，都有利于同案同判和罪刑相适应原则的实现，也最终体现了单一案件不分割处理的要求。但与"审判监督程序"方案相比，本书所提出的方案具有更加经济和效率的优点。

与有些著作或研究更多地借鉴或移植我国台湾地区的已有观点相比，本书结合我国大陆地区的具体司法制度和司法理念，尝试着用不同的眼光对刑事诉讼客体理论的有些传统观点提出了质疑并提出了一些新的认识。受学术能力和时间所限，本书的有些结论可能仍然存在不周延、不准确或论证不充分的问题，还有进一步探讨的余地，在此抛砖引玉，唯愿能借此引起理论上和实务上对这些问题的进一步关注，以推动我国大陆地区刑事诉讼客体理论不断完善和发展。

参考文献

一、中文著作类

[1] 蔡墩铭 . 刑事诉讼法论 [M]. 台北：台湾五南图书出版公司 ,1999.

[2] 陈健民 . 刑事诉讼法要论 [M]. 北京 : 中国人民公安大学出版社 ,2009.

[3] 陈瑾昆 . 刑事诉讼法通义 [M]. 北京 : 法律出版社 ,2007.

[4] 陈朴生 . 刑事诉讼法实务 [M]. 台北：台湾海天印刷厂有限公司 ,1987.

[5] 陈瑞华 . 刑事诉讼的前沿问题 [M]. 北京 : 中国人民大学出版社 ,2016.

[6] 褚剑鸿 . 刑事诉讼法论 [M]. 台北：台湾商务印书馆 ,1983.

[7] 邓子滨 . 刑事诉讼原理 [M]. 北京：北京大学出版社 ,2019.

[8] 胡开诚 . 刑事诉讼法论 [M]. 台北：台湾三民书局 ,1983.

[9] 李知远 . 刑事诉讼法释论 [M]. 台北：台湾一品文化出版社 ,2009.

[10] 林俊益 . 刑事诉讼法概论 [M]. 台北：台湾新学林出版股

份有限公司 ,2013.

[11] 林山田 . 刑事法论丛 [M]. 新北：台湾兴丰印刷厂有限公司 ,1997.

[12] 林钰雄 . 刑事诉讼法 [M]. 北京 : 中国人民大学出版社 ,2005.

[13] 林钰雄 . 新刑法总则 [M]. 北京 : 中国人民大学出版社 ,2009.

[14] 龙宗智 , 杨建广 . 刑事诉讼法 [M]. 北京 : 高等教育出版社 ,2016.

[15] 宋英辉 . 刑事诉讼法 [M]. 北京 : 清华大学出版社 ,2007.

[16] 宋英辉等 . 刑事诉讼原理 [M]. 北京 : 北京大学出版社 ,2014.

[17] 谢进杰 . 刑事审判对象理论 [M]. 北京 : 中国政法大学出版社 ,2011.

[18] 熊选国 .《人民法院量刑指导意见》与"两高三部"《关于规范量刑程序若干问题的意见》理解与适用 [M]. 北京 : 法律出版社 ,2010.

[19] 徐静村 . 刑事诉讼法学 [M]. 北京 : 法律出版社 ,2012.

[20] 杨杰辉 . 刑事审判对象研究 [M]. 北京 : 中国社会科学出版社 ,2010.

[21] 张建伟 . 刑事司法体制原理 [M]. 北京 : 中国人民公安大学出版社 ,2002.

[22] 张建伟 . 刑事诉讼法通义 [M]. 北京 : 北京大学出版社 ,2016.

[23] 张丽卿 . 刑事诉讼法理论与运用 [M]. 台北：台湾五南图书出版公司 ,2010.

[24] 张明楷 . 刑法学 [M]. 北京 : 法律出版社 ,2016.

[25] 张小玲 . 刑事诉讼客体论 [M]. 北京 : 中国人民公安大学出版社 ,2010.

二、中文译著类

[26] 克劳思·罗科信 . 刑事诉讼法 [M]. 吴丽琪 , 译 . 北京 : 法律出版社 ,2003.

[27] 日本刑事诉讼法 [M]. 宋英辉 , 译 . 北京 : 中国政法大学出版社 ,2000.

[28] 田口守一 . 刑事诉讼法 [M]. 张凌 , 于秀峰 , 译 . 北京 : 法律出版社 ,2019.

三、中文论文类

[29] 刘仁琦 . 论我国刑事诉讼客体内容的确定——案件事实及其法律评价的双重确定 [J]. 法律科学 (西北政法大学学报),2012(05):87–93.

[30] 刘宪权 . 罪数形态理论正本清源 [J]. 法学研究 ,2009,31(04):122–136.

[31] 熊秋红 . 刑事证明对象再认识 [J]. 公法 ,2003(4):32.

[32] 张淼 . 罪数个体标准的反思 [J]. 河南师范大学学报 ,2008,35(03):134–137.

[33] 张淼 . 刑罚变革维度中的罪数判断及应用展开 [J]. 江苏警官学院学报 ,2019,34(02):31–37.

[34] 张淼 . 罪数论的诉讼客体维度解析 [J]. 贵州省党校学

报 ,2020,185(01):94-100.

[35] 张明楷 . 论同种数罪的并罚 [J]. 法学 ,2011(01):127-137.

[36] 周光权 . 论禁止重复评价——以刑满后发现同种余罪的处理为切入点 [J]. 人民检察 ,2012(09):5-10.

后 记

本书是在我硕士毕业论文的基础上修改而成的。

干了十几年的公诉，竟不知刑事诉讼的"客体"为何物！这是我当初下定决心以此作为论文选题的重要原因：无知。但没承想，无畏真的是因为无知，后来论文越写越难，无知的东西越来越多，查阅的资料也就越来越多，最后导致论文的篇幅越来越长。好处是间接促成了本书的产生。

答辩之后，我对选题的实践意义又做过一些思考，本想在书中再增加一些更有说服力的真实案例，或者再加入一些更有深度的论证和思考，使之更像专著，但无奈"武功很菜"，精力有限，未能达到预想的效果，难免有些遗憾。不过，当今各种法学著作浩如烟海，凭我的"武功"，即便再努力，本书也难逃一经出版就湮没于学术之海的宿命，如此想来便没有什么遗憾了。

无论如何，在本书即将付梓之际，我要借此机会感谢我的导师张建伟教授。遥想当初，我正是因为细读了老师的独著教材《刑事诉讼法通义》才对该理论范畴萌生了兴趣。当我打算以此作为论文选题时，老师当即赞同并给了我极大的鼓励——虽然他知道该选题有一定的难度。在论文的写作过程中，老师也给予了悉心、专业的指导。在此，我要对老师表示深深的感谢！

同时，我要感谢院党组对我写作的极大支持和督促，一并感谢刘玉柱主任为本书的出版所做的各种联络工作。没有此番支持、督促、联络，本书不知何时才能诞生。

漫长的论文写作过程是艰辛和枯燥的，但也是思考、收获和磨砺意志的过程，且用"自强不息"来继续勉励自己吧！

张京明

2024 年 6 月